郑州市名街志文化工程

城东路街道志

郑州市地方史志编纂委员会　主办
郑州市地方史志办公室　编著

中国水利水电出版社
www.waterpub.com.cn
·北京·

图书在版编目（CIP）数据

城东路街道志 / 郑州市地方史志办公室编著. -- 北京 : 中国水利水电出版社, 2019.12
郑州市名街志文化工程
ISBN 978-7-5170-8219-4

Ⅰ. ①城… Ⅱ. ①郑… Ⅲ. ①区(城市)—地方志—管城回族区 Ⅳ. ①K296.14

中国版本图书馆CIP数据核字(2019)第254077号

总 策 划：营幼峰
选题策划：马爱梅　宋建娜　张小思
责任编辑：罗　汐

	郑州市名街志文化工程
书　名	城东路街道志
	CHENGDONG LU JIEDAO ZHI
作　者	郑州市地方史志办公室　编著
出版发行	中国水利水电出版社
	(北京市海淀区玉渊潭南路1号D座　100038)
	网址: www.waterpub.com.cn
	E-mail: sales@waterpub.com.cn
	电话: (010) 68367658 (营销中心)
经　售	北京科水图书销售中心 (零售)
	电话: (010) 88383994、63202643、68545874
	全国各地新华书店和相关出版物销售网点
排　版	北京金五环出版服务有限公司
印　刷	北京印匠彩色印刷有限公司
规　格	184mm×260mm　16开本　12.75印张　225千字
版　次	2019年12月第1版　2019年12月第1次印刷
印　数	0001—1900册
定　价	98.00元

管城回族区城东路街道办事处区划示意图

城东路街道俯瞰之一

城东路街道俯瞰之二　马健　摄

城东路街道俯瞰之三　马健 摄

郑州商城遗址城东路段　马健 摄

州城隍庙简介

郑州城隍庙

郑州市名镇志、名村志、名街志编纂委员会

《城东路街道志》编纂委员会

主　　任　郭庆伟

副 主 任　陈孝明　李晋娟　卢志强　白　皓

委　　员　汪亚林　黄　晓　巴　京　杨　儒　马　英　武建芝

张美凤　秦　恒　张韶春　刘培雯

编　　撰　**河南日报农村版**

顾　华　盛俊红　殷淑娟　刘振宇　段俊韶　孙　兵

雷　震　王　慧　武玲燕　梁芳芳　雷泽洋

摄　　影　马　健

序

2018年以来，我们在中国地方志指导小组办公室、河南省地方史志办公室的热情指导和大力支持下，在郑州市各县（市、区）地方史志工作机构及相关镇、村、街道的共同努力下，开拓创新，克难攻坚，相继完成了11部镇志、1部村志、18部街道志，共计30部基层志书的编纂出版工作。这是我市坚持以习近平新时代中国特色社会主义思想为指引，认真贯彻落实《全国地方志事业发展规划纲要（2015—2020年）》（国办发〔2015〕64号），围绕中心、服务大局，推动地方志事业高质量发展、发挥存史、资政、育人职能作用的一项重要成果。

这30部志书以镇志、村志、街道志为主线，全面、客观地记述了郑州从一座古老的城市发展成为国家中心城市的历史进程，阐释了中华文明、中原文化在郑州这座城市的文明形态起源、嬗变和现代转型。聚焦黄河文化、商都文化、黄帝文化、河洛文化、嵩山文化和二七精神等重要的城市文化名片，我们组织编纂了管城区《东大街街道志》《西大街街道志》《城东路街道志》，二七区《德化街道志》，金水区《杜岭街道志》，巩义市《回郭镇志》《大峪沟镇志》《康店镇志》《河洛镇志》《站街镇志》，新郑市《孟庄镇志》《新建路街道志》，惠济区《古荥镇志》，上街区《峡窝镇志》《方顶村志》，中牟县《雁鸣湖镇志》，新密市《刘寨镇志》，登封市《告成镇志》等一批志书。我们尝试从地方志的角度描述、分析这些文化的历史演进，宏大叙事与微观剖析并重，讲述方志故事，凝聚城市精神，发现并彰显这些深藏在街道社区、乡镇村庄里的城市文化根脉。

我们借鉴人文地理学和社会学的调查研究方法，在中原区委、区政府的支持下，组织编纂了该区《西流湖街道志》《中原西路街道志》《桐柏路街道志》《三官庙街道志》《棉纺路街道志》《绿东村街道志》《林山寨街道志》《汝河路街道志》《航海西路街道志》《须水街道志》《秦岭路街道志》《建设路街道志》12部街道志，对一个行政建置区域的政治、经济、文化、社会、生态建设状况，特别是对自中华人民共和国成立以来各个历史时期的发展做了全方位的较完整记述。这些街道志组成了美丽的“方志拼图”，从中我们可以清晰地看到中原区从一个传统的城郊农业区，在新中国成立初期形成郑州市的市级行政中心、文化中心和现代工业区，改革开放以来经过国企改革的华丽“蝶变”，转型升级为现代化宜居宜业新城区的时空轨迹。

我们在丛书编纂中基本采用了中国地方志指导小组办公室确定的中国名镇志、名村志、名街志编写体例，以质量为生命线，强化精品意识，与各编纂单位和出版单位一起，对每部志书严把政治关、史实关、体例关、文字关、出版关，认真贯彻落实《郑州市地方志工作规定》要求，理顺管理体制和运行机制，分级负责与属地管理相结合，明确了市、县（市、区）、镇（街道）、村等各级在志书编纂中的具体权责，一级抓一级，层层抓落实，形成了踏石留印、抓铁有痕的良好工作格局。

在编纂方式上，我们积极适应“读图时代”的现代读者需求，在锤炼文字表达的同时，特别突出了“图像存史”的作用。我们与河南省美术家协会合作，组织一批在省内乃至全国有影响力的优秀画家，深入基层开展采风创作，用画笔描绘郑州美丽乡村和城市现代街区风貌。我们要求编纂单位注意对优秀美术作品的资料收集，如巩义籍著名画家陈天然、徐小龙等长年扎根农村基层，创作出一批表现浓郁乡土风情的优秀美术作品，经其家人慨允，许多作品收入相关志书，成为熠熠生辉的亮点。中共郑州市委宣传部外宣办，河南日报新闻图片有限公司，郑州日报社及市、县（市、区）摄影家协会等单位和许多优秀、敬业的摄影家，为我们提供、创作了一大批精彩的摄影作品，与志书篇章结构和语言文字同步配合，形成了一个全新的图像叙事体系。这已不是简单的配图、插图、图文并茂，而是把图像证史、存史放在了编纂方式创新的维度上来考量其价值与意义。

为提高志书编纂的学术品质，我们与郑州大学建筑学院合作，开展传统村落与民居保护和城市街区建筑文化专项调查，形成了一批研究成果，并在编纂中予以重点展示。郑州市是中华文明探源工程、夏商周断代工程等考古研究的重点区域，拥有世界文化遗产——登封“天地之中”历史建筑群和诸多国家重点文物保护单位，各类历史文化遗迹俯拾即是。

在文物部门的大力支持下，我们在相关志书编纂中，注意收录考古最新发现及研究成果，以丰富志书编纂的文化内涵。

这里需要特别感谢的是，河南日报农村版、中国水利水电出版社等单位积极、热情地参与到编纂工作中，帮助我们探索了史志工作与专业机构通力合作、优势互补、众手成志的史志编纂新模式。在这部丛书出版之际，谨向支持、参与这项工作的所有部门、单位，领导、专家和基层史志工作者表示真诚的谢意！

以上是我们在郑州市名镇志、名村志、名街志文化工程中的一些尝试，不足之处敬请批评指正，以便在今后工作中认真加以改进。

郑州市地方史志办公室

2019年12月

凡　例

一、全面深入贯彻党的十九大和十九届二中、三中全会精神，以马克思列宁主义、毛泽东思想、邓小平理论、“三个代表”重要思想、科学发展观、习近平新时代中国特色社会主义思想为指导，坚持实事求是原则，全面、客观、系统地记述各名街发展过程和改革开放成果，保护和传承名街历史文化，激发爱国爱乡情怀，为探索中国街区建设和城市发展模式、发展道路提供历史智慧和现实借鉴。

二、编纂质量参照中国地方志指导小组印发的《地方志书质量规定》执行。在坚持志体前提下，体裁运用、篇目设置、资料选择等作适当创新。内容记述突出名街“名”与“特”等内涵，应执简驭繁、文约事丰、易于阅读、利于普及。

三、为全面反映名街发展演变脉络，各志上限尽量追溯至事物发端，下限一般断至各街志启动编纂年份。个别重大事项延至搁笔。

四、以下限年份的街区范围为主，与所述名街紧密相关的街巷从简记述。

五、采用纲目体，分类目、分目、条目三个层次。横排门类，纵述史实。除《中国名街志丛书参考篇目》要求的必设类目外，其余类目突出时代特色、地方特点。

六、综合运用述、记、志、传、图、表、录等体裁，以志体为主。

七、除引用原文和附录文献资料外，统一使用规范汉字及现代语体文、记述体。记事坚持秉笔直书、述而不作，寓观点于记述之中。行文力求朴实、严谨、简洁、流畅，可读性强。

八、志中随文配图照，图照下附注文字说明。

九、所需数据一般采用政府统计部门数据，无统计数据的选用主管部门正式发布的数据。

十、志中所称“解放前（后）”，以当地解放日为界；“新中国成立前（后）”，以中华人民共和国成立日 1949 年 10 月 1 日为界；“改革开放前（后）”，以中共十一届三中全会召开的 1978 年 12 月为界。

十一、记事均从第三人称角度记述。人物直书姓名，必要时冠以职务或职称。地名以现行标准地名为准；使用历史地名的，首次出现时括注现行地名。各历史时期党派、团体、组织、机构、职务或职称等均以当时名称为准。称谓过长而又频繁使用的，首次出现时使用全称同时括注简称，之后使用简称。

十二、遵循国家标准和出版规定，志中数字书写以 GB/T 15835—2011《出版物上数字用法》为准，标点符号使用以 GB/T 15834—2011《标点符号用法》为准。

十三、志书所用重要资料尽量注明出处。附载文章于篇后注明资料来源。

十四、本凡例关于名街志编纂中的未尽事宜，可在《编纂始末》中予以说明。

目　录

概述

一

一座城市在发展的进程中，不断进行着文化的积累、嬗变，从而形成了这座城市的个性和特色。无形的历史文化精神和有形的物质遗存往往是一座城市的灵魂和魅力所在。

郑州是一座历史悠久的城市。位于郑州管城回族区城东路街道内的城隍庙，是郑州市区内现存规模最大、保存最完整的明清时期古建筑群。

郑州城隍庙 马健 摄

郑州城隍庙位于商城路东段路北，祭祀对象为城隍神纪信，始建于明洪武年间，距今有 600 多年的历史。现存城隍庙占地近 4000 平方米，整体布局与规格形制和衙属建筑很相近。建筑物的排列，采用了传统的中心对称手法：主体建筑均位于中轴线上，东、西两侧建筑对称排列。中轴线上的主体建筑均建在高台之上，分别处于不同的平面，高低起伏、疏朗有致。

郑州城隍庙的建筑有山门、仪门、戏楼、大殿、拜殿、寝殿、前院东西厢房、中院厢房和后院厢房等。全部殿堂均为琉璃瓦覆顶，造型精致，结构紧凑，颜色多为孔雀蓝、孔雀绿，在阳光的照射下，显得金碧辉煌、绚丽多彩，充分显示出地方建筑手法的精美。庙内有砖雕、木雕、彩塑、壁画，内涵丰富、寓意深长。特别是大殿内外的雕刻非常有特色，正面屋脊上雕有游龙和凤凰，旁边有荷花、狮子等，图案精美、雕工细致；进入大殿，两侧可见雕刻的龙、凤、牡丹；殿上刻有“八仙过海”及苍松翠柏、人物鸟兽，构图和谐精致。

庙会文化是源于民间、根植于民间的信仰文化，集祭祀、贸易、休闲、娱乐于一体的城隍庙会则是庙会文化民间色彩和市井气息的体现，每年农历三月举行的城隍庙会人声鼎沸、热闹非凡，各种传统民间艺术表演活动，吸引着方圆几百里的老百姓。民国五年（1916 年）《郑县志》记载：“十八日俗传为城隍灵佑侯圣诞，庙会最盛。”20 世纪 50 年代以前，城隍庙会期间，地方组织演戏、玩社火等以娱城隍神灵；80 年代以后，庙会逐渐衰微；1995 年，城隍庙重新对外开放，自 1997 年起重新举办庙会活动，活动突出民俗性，弘扬非物质文化遗产，吸引了无数市民前来参观。郑州市文化旅游部门，在每年的正月初四到正月十六举办城隍庙民俗文化旅游节，庙会上有旱船、高跷、舞狮、变脸、魔术、猴戏、皮影戏、叶县霸王鞭、太康杂耍等民俗表演，还有烙画、捏泥人、剪纸、吹糖人等非物质文化遗产展示，成为郑州传统文化新亮点。

二

城东路街道位于管城回族区东部。辖区东起建业路，西至紫荆山路，南以东大街为界，与东大街街道、二里岗街道相连，北至城北路，与金水区衔接。辖区面积 1.98 平方千米，常住人口 5.58 万人。街道以城东路定名，城东路是辖区的一条主干道，原名为二里岗大道。

辖区楼宇经济

20世纪80年代，城东路辖区属于郑州市六大工业区之一的二里岗工业区范围。二里岗工业区位于紫荆山路以东、东明路以西、金水路以南、航海路以北，包括城东路、陇海东路等附近区域。该工业区于“一五”时期开始建设，逐步形成规模。根据1984年国务院批准新的郑州市城市总体规划，郑州市到80年代后期初步形成了6个工业区，分别是上街工业区、新密工业区、华山工业区、纺织工业区、南阳寨工业区以及二里岗工业区。

作为二里岗工业区的组成部分，城东路街道辖区内，郑州玻璃厂、郑州绿城纺织厂、郑州毛巾床单厂、郑州皮鞋厂、郑州铝箔纸厂、中国物资储运总公司郑州电子秤厂、郑州三友鞋厂、郑州塑料五厂、郑州市第一木器厂、郑州市无线电原件厂等一大批中小型工业企业建立并发展起来，这些企业在郑州工业发展时期都做出了突出的贡献。

1985年，国内首创的电子吊秤在辖区内研制成功并投入生产；1985年前后，郑州皮鞋厂生产的皮鞋畅销河南、山西、陕西、河北等省，同时出口苏联、加拿大、美国等国家；1986年，郑州塑料五厂引进意大利型材、管材生产线，这是郑州市引进的第一条塑料管材生产线，生产聚氯乙烯管材、管件，畅销12个省、市、自治区；1988年前后，郑州市毛巾床单厂生产的毛巾、毛巾被、床单远销苏联、日本、加拿大、美国、法国、英国、新加坡、斯里兰卡等国家。

20世纪末，随着经济发展的进程，这些曾经为郑州经济发展做出突出贡献的企业相继衰落，原厂址经过房地产商的征购开发，陆续建成居民住宅小区和写字楼，辖区呈现出现代化都市气象。

21世纪初，随着裕鸿国际、华亿大厦等一批写字楼的建成，楼宇经济成为城东路辖区的特色经济，城东路街道经济工作重心转向优化辖区投资环境、加大招商引资力度、做好辖区企业服务等方面。至2018年，城东路街道辖区内有商务楼宇16栋，入驻企业1654家，楼宇入驻率达97.3%，注册率达95.28%，楼宇税收呈逐年递增趋势，2018年，辖区楼宇税收6500万元。

三

城东路街道位于郑州市老城区中心位置，辖区内有城东路、东明路、紫荆山路、未来路，纵穿南北；有商城路、商城东路、城北路、郑汴路，横贯东西。

紫荆山路位于郑州市中心区，是贯穿郑州南北的交通干道。紫荆山路建设工程，被列为郑州市1997年年度四大重点工程之一，早在20世纪50年代中期开始规划，是郑州市旧城改造道路工程史上投资最多、单体工程拆迁任务量最大的工程，也是郑州市采用“以路带房、以房养路”筹资方式兴建的一条城市主干道。一期工程于1997年12月28日建成通车，改造后的紫荆山路由污水横流的道路变成了宽广的柏油马路，路两侧的高层建筑拔地而起，道路面貌焕然一新。

商城路是贯穿辖区东西的一条重要街道，管城回族区政府东院、郑州城隍庙、管城区回民第二小学等公共单位位于商城路两侧。20世纪80年代，商城路与中原路、建设路、花园路、黄河路等10余条道路，是郑州市重点扩建的道路，扩建之后的商城路路面整洁，两侧绿树成荫。

城东路商城路交叉口　马健　摄

怡心园　马健　摄

辖区商城路—城北路段有商城城垣 475 米，汉城垣 615 米，各级文物保护单位对这些古代城墙进行精心管护，并在城墙外 20 米进行绿化，使古城墙焕发了生机。而纪公祠小游园、怡心园、舒心园、励志园等游园的建成，成为辖区居民休闲、娱乐、健身的理想场所。

2016 年 8 月 27 日，商都历史文化区建设启动。郑州城隍庙属于商都历史文化区中的亳都古巷片区规划建设范围。自 2016 年起，街道抓住商都历史文化区建设的机遇，配合管城区委、区政府做好亳都古巷项目建设，发挥管城商都历史文化优势，打造集民俗、商业于一体的特色产业街区，实现老城区的有机更新。

2018 年，街道开展“整街坊亮化整治工程”，将商城路、塔湾路沿线合围区域作为靓化试点，按照“路面铺设平整、缝宽均匀，楼院整洁、干净靓丽，立面粉饰美观大方，门头牌匾规范统一，线缆捆扎整齐有序”的标准，有针对、有重点地进行整治，美化城墙周边环境。

四

邓亚萍

城东路街道辖区内有郑州市体育运动学校、解放军电子技术学院、郑州电力高等专科学校、东关小学、回民第二小学等学校，教育事业发达。辖区内专家学者、优秀教师数量较多。

郑州市体育运动学校是一所集文化课教学和运动训练为一体的综合性体育运动学校，学校有一批优秀的体育老师和教练，为省市和国家培养输送了体育后备人才。在学校培养的优秀运动员中，有葛新爱、巫兰英、邓亚萍、孙甜甜、宁泽涛等，他们在奥运会、世锦赛等重大赛事中创造佳绩、为国增光。

基本街情

城东路街道位于郑州市管城回族区东北区，地理坐标为北纬34° 45′、东经113° 41′。辖区东起建业路，西至紫荆山路，南以东大街为界，与东大街街道和二里岗街道相连，北至城北路，与金水区相连。

辖区面积1.98平方千米，街道党政机关位于城东路126号。至2018年年底，街道下辖10个社区，常住人口5.58万人。

LOCAL RECORDS OF CHENGDONGLU

历史沿革

街名由来

城东路街道名称来源于辖区的城东路。

1984年北大街街道办事处迁往城东路，办事处随之更名为城东路街道办事处。1988年，城东路街道与东大街街道合并，合并后的街道党委、办事处办公地址在城东路。因此，街道以城东路定名。

属　地

中华人民共和国成立前，城东路街道辖区属郑县维新镇。

1948年，辖区属郑州市第一区第九街公所。

1949年，辖区属郑州市第一区第二派出所，管辖范围是东大街街道和西大街街道现管辖的老城区。

城东路　董福民　摄

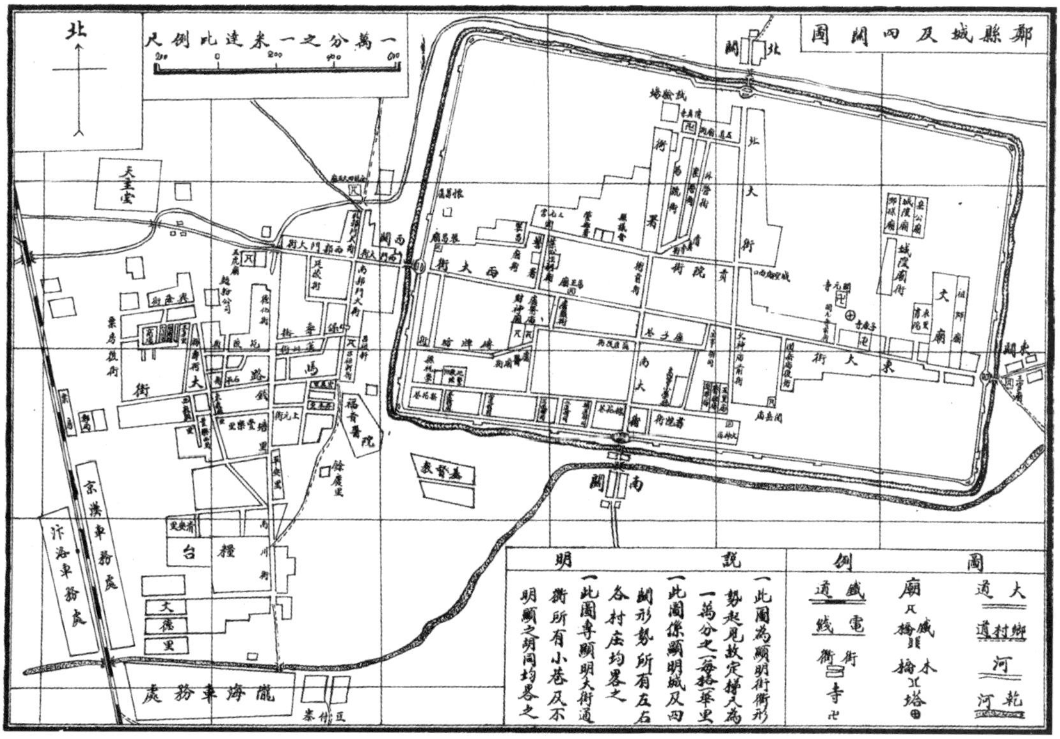

民国《郑县志》中的城东路街道位置图

1951 年，辖区属郑州市第一区东大街街政府。

1955 年 10 月，郑州市第一区更名郑州市陇海区，辖区改属陇海区东大街街政府。

1956 年 2 月，改街政府为街道办事处，辖区改属陇海区东大街街道办事处。

1958 年 8 月，郑州市成立郑州管城区，辖区改属管城区东大街街道办事处；9 月，管城区所辖的 10 个街道办事处合并为 5 个人民公社。辖区改属管城区东大街人民公社。

1959 年 3 月，辖区改属管城区联社管理委员会。

1960 年 6 月，辖区改属红旗人民公社管城分社。

1961 年 5 月，红旗人民公社复名管城区，区辖各分社复名街道办事处，辖区改属管城区东大街街道办事处。

1962 年 5 月，管城区人民委员会将东大街街道办事处划分为东大街、北大街两个街道办事处，北大街街道办事处即为城东路街道办事处的前身。

1966 年，管城区更名为向阳区，辖区改属向阳区北大街街道办事处。

1981 年 11 月，向阳区改为向阳回族区，辖区改属向阳回族区北大街街道办事处。

1983 年，向阳回族区更名为管城回族区，辖区改名为管城回族区北大街街道办事处。

1984 年，北大街街道办事处迁往城东路，辖区改名为管城回族区城东路街道办事处。

1988 年，城东路与东大街两个街道办事处合并，合并后的街道办事处名称为城东路街道办事处。辖区改名为城东路街道办事处。

2000 年 4 月，郑州市人民政府批准管城回族区现有的 5 个街道办事处调整组建为 8 个街道办事处，辖区为城东路街道办事处辖区。

区　划

1948 年 10 月郑州解放后，新成立的第一区人民民主政府废除保甲制的同时建立街公社，街公社下面设闾。

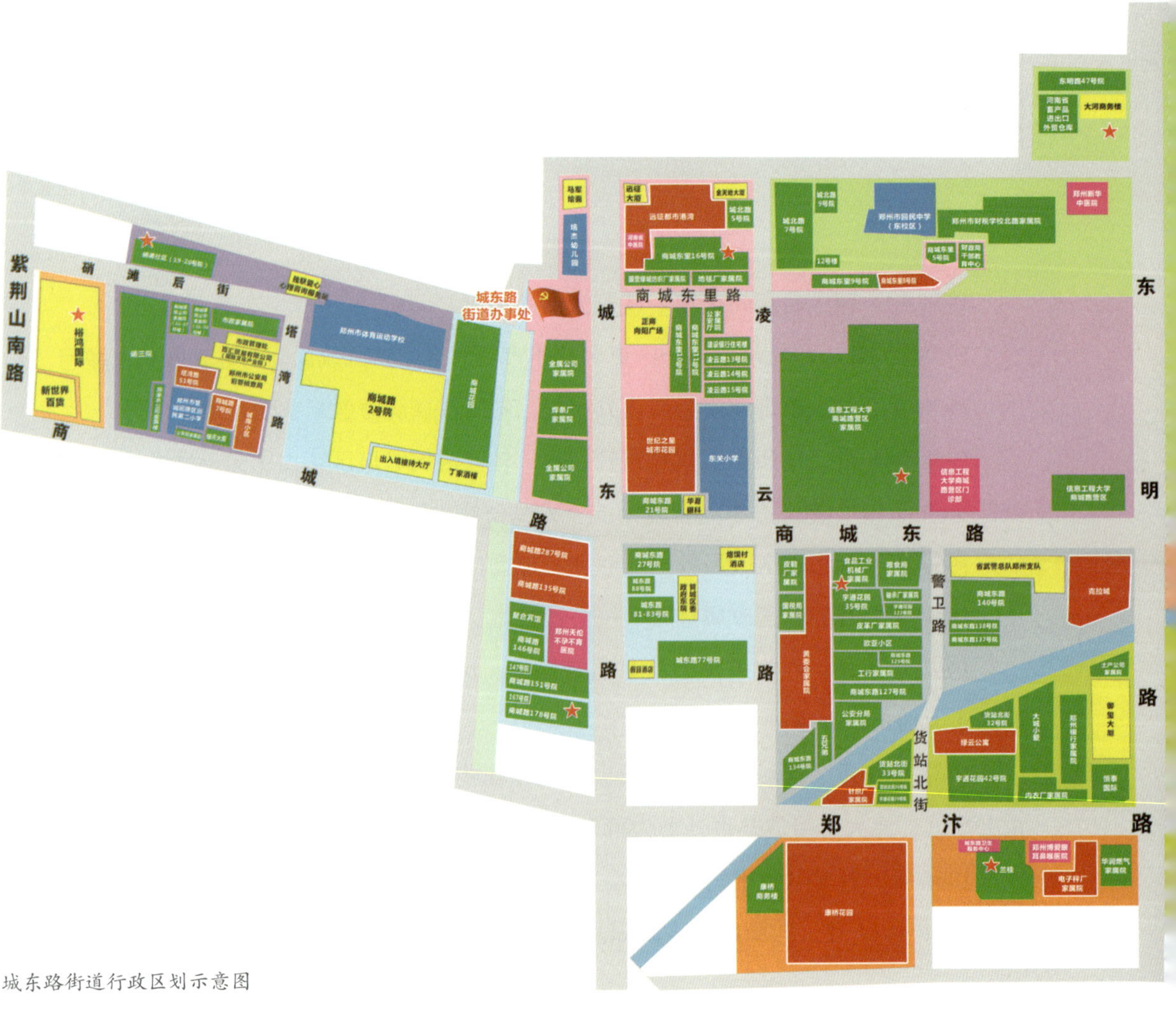

城东路街道行政区划示意图

1953 年，辖区属东大街街政府，所辖北大街、清真寺街、市府前街（今管城街）、法院东街等 10 条街道。

1955 年，街政府改为街道办事处，间改为居民委员会。

1958 年，东大街人民公社辖黄委会、北工人新村、北大街、清真寺街、管城街、东关东里、东关北里、东大街东段、东大街西段、书院街、博爱街等 11 个居民委员会。

1959 年，郑州市区划调整，黄委会、北工人新村两个居民委员会划归金水区。

1960 年，红旗人民公社管城分社下属的 9 个居民委员会改为 9 个生产队。

1961 年 5 月，管城分社的生产队恢复街道办事处和居民委员会的名称。

1962 年 5 月，北大街街道办事处辖清真寺街、管城街、东关北里、东关新村、北大街、东关南里 6 个居民委员会。

1966—1982 年，辖区居委会设置没有大的变化。

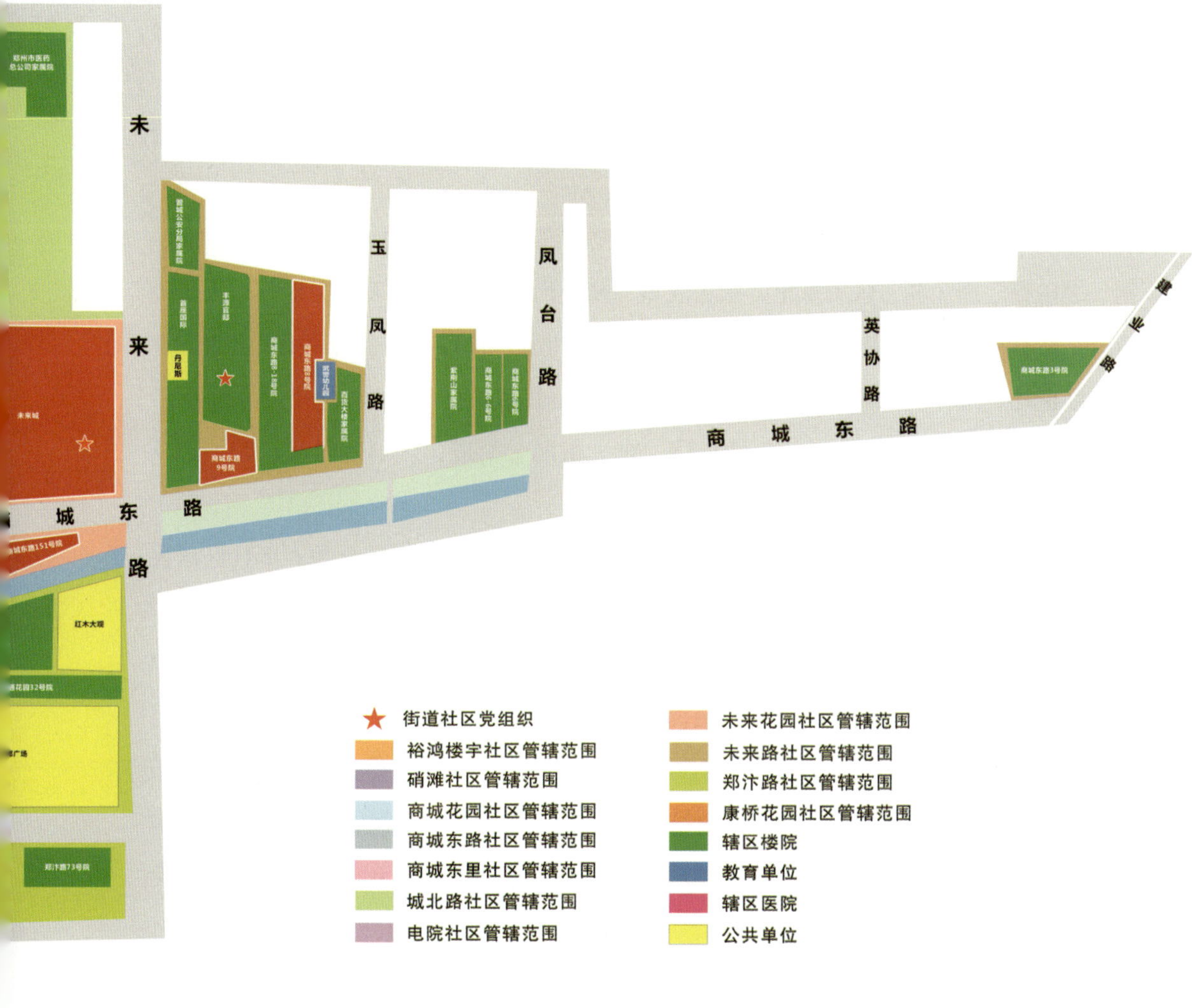

1982年，北大街街道办事处增设了城东路、硝滩第一、第二、第三4个居民委员会。

1985年，东关新村居委会更名为商城东里居委会。

1986年，辖区成立电子技术学院家属委员会。

1988年10月，城东路街道办事处与东大街街道办事处合并。东大街街道办事处所辖的塔湾、东大街东段、东大街西段、东大街中段、南大街南段、南大街北段、鼎新街、书院街、唐子巷、革新街（今博爱街）共10个居民委员会一并划归城东路街道办事处。城东路街道办事处时辖20个居民委员会和1个家属委员会。

1990年，城东路街道办事处又增设了东明路居民委员会。

1996年，城东路街道办事处设置了城北路、道东路、城隍庙、法院东街、城东路南段、城东路北段、北大街等居民委员会。同时撤消城东路、北大街、南大街南段、南大街北段等居民委员会。是年，城东路街道办事处共辖25个居民委员会和1个家属委员会。

1997年，城东路办事处新成立了商城东里、商城花园和东关东里等居民委员会。时辖25个居民委员会。

1998年，东大街中段居民委员会更名为向阳街居民委员会，北大街北段居民委员会更名为星月小区居民委员会。

2000年初，城东路街道办事处原辖的东关南里、东大街东段、向阳街、塔湾、东大街西段、鼎新街、书院街、唐子巷、东关东里、东关北里、博爱街共11个居民委员会划归东大街街道办事处。清真寺街、管城街、星月小区、法院东街、北大街南段共5个居民委员会划归北下街街道办事处。同时二里岗街道办事处所辖的郑汴路居民委员会划归城东路街道办事处。

2000年4月，城东路街道又分为城东路、东大街两个街道，区划后的城东路街道辖13个居民委员会和1个家属委员会。

2001年，城东路街道办事处13个居民委员会和1个家属委员会整合为6个社区居民委员会。硝滩社区居民委员会由硝一、硝二、硝三、城隍庙4个居民委员会组成，总户数1602户；商城花园社区居民委员会由商城花园和城东路南段2个居民委员会组成，总户数1230户；商城东里社区居民委员会由商城东里和城东路北段2个居民委员会组成，总户数1141户；城北路社区居民委员会由城北路和东明路2个居民委员会组成，总户数1897户；商城东路社区居民委员会，由商城东路和电子学院1个居民委员会和1个家属委员会组成，总户数2170户；郑汴路社区居民委员会由郑汴路和道东这2个居民委员会组成，总户数2810户。

2003年9月18日，解放军电子技术学院单独成立社区，商城东路社区单独成立社区。

2010年，在原郑汴路社区居民委员会基础上新成立两个社区居民委员会，分别是未来路社区居民委员会和康桥花园社区居民委员会。

2012年，为方便统一管理，商城东路社区纳入商城花园社区。

2014年，在原城北路社区居民委员会辖区新成立未来花园社区。在原硝滩社区辖区新成立裕鸿楼宇社区。

截至2018年，街道辖10个社区，分别是硝滩社区、郑汴路社区、商城东里社区、商城花园社区、电子学院社区、未来路社区、城北路社区、康桥花园社区、未来花园社区、裕鸿楼宇社区。

社　区

硝滩社区　硝滩社区东起塔湾路，西至紫荆山路，南起商城路，北至硝滩街，面积0.14平方千米，位于城东路街道西北部。

社区现辖居民楼院9个，主要公共单位有郑州市体育学校、郑州市刑侦九处、郑州城隍庙等。常住人口2135户5087人。

硝滩社区　马健　摄

社区办公地点位于商城路 19 号楼南，办公面积约 1000 平方米，设有综合服务大厅、计划生育服务室、党员服务中心等。硝滩社区党支部成立于 2012 年 6 月，现有自管党员 60 人，分为 4 个党小组。有城隍庙、回民第二小学、郑州市体育运动学校、郑州市市政实业有限公司第二维护公司 4 家单位党支部。

硝滩社区党支部根据辖区老旧楼院多、无主管楼院多的实际情况，探索党建引领下的社区治理，引领辖区党员群众，以“推选硝人物 建立和谐幸福大家庭”为工作理念，联合辖区 5 家事业单位党支部，共同开展社区治理工作。

社区以“硝人物”为典型，构建党建引领、政府治理、居民参与、社会协同的社会治理新模式，搭建区域化党建平台、资源平台、网格化管理平台和协商共治平台，引导社会力量参与社区治理，实现居民群众与社区共建共治。

2017 年，硝滩社区被评为国家级第五批全国民族团结进步创建示范单位。

商城花园社区 商城花园社区东沿商城东路到东明路，西起塔湾路，南与东大街办事处相连，北面部分楼院至商城遗址，面积 0.43 平方千米，位于城东路街道南部。

社区现辖居民楼院 34 个，主要公共单位有管城回族区政府东院、管城回族区区直机关电力高等专科学校办公区、天伦医院、东关小学等。常住人口 3232 户 8905 人。

商城花园社区 马健 摄

社区办公用房面积约1200平方米，设有综合服务大厅、党员服务中心、电子阅览室、图书阅览室、家庭志愿者义工协会、综合党委工作站、社区活动室，多功能电教室等。

社区党总支成立于2012年5月，下设2个党支部，有非公组织和社会组织、党组织共3个。社区在城东路街道党工委的指导下，坚持“党建引领、服务为先、合作共治”的发展思路，在“一征三议两公开”工作法的基础上形成“六步工作法”，做有温度的党建，让群众共享幸福社区。

社区先后获得“全国和谐社区建设示范单位”“全国科普示范社区”“全省人民调解工作先进单位”以及省、市、区“五好”社区党组织等63项称号。

商城东里社区 商城东里社区西起商城遗址，东到凌云路，南至商城路，北到城北路，面积0.27平方千米，位于城东路街道中北部。

社区现辖居民楼院19个，主要公共单位有城东路街道办事处等，商务楼有华亿大厦、远征大厦、正商向阳广场。常住人口有3110户7705人。

社区党支部现有自管党员108人，党支部根据社区实际情况，以“建立一对一帮扶网，打造幸福美好家园”为工作理念，发挥党组织领导核心作用，建好3支志愿者服务队伍，一对一帮扶辖区困难户，做到网全、网实，推动社区各项事业的发展。

商城东里社区 马健 摄

城北路社区　马健　摄

城北路社区　城北路社区东起东明路，西至凌云路，南起商城东路，北至福元路，面积 0.2 平方千米，位于城东路街道东北部。

社区现辖居民楼院 16 个，主要公共单位有许继自动化研究所、河南省畜产品仓库等 5 家。常住人口 3120 户 7815 人。

社区党支部现有自管党员 70 人，分设 3 个党小组。党支部以“评党员先锋建先锋苑，打造和谐幸福社区”为工作理念，以“四助五带头”工作法评选社区党员先锋，在居民院内建设“先锋苑”“党员先锋工作室”。“先锋苑”的党员发挥自身特长，拓宽服务群众渠道，搭建联系群众平台，按照“党员所能，群众所需”原则，解决群众实际困难，成为社区党员教育培训的基地。

郑汴路社区　郑汴路社区东起未来路，西至货站北街，南起郑汴路，北至熊耳河。面积 0.21 平方千米，位于城东路街道东南部。

社区现辖居民楼院 16 个，5 栋商务楼入住企业和社会组织共 562 家。常住人口 3256 户 8147 人。

社区办公用房面积约 300 平方米，设有综合服务大厅、党员服务中心、电子阅览室、

郑汴路社区 马健 摄

图书阅览室、家庭志愿者义工协会、综合党委工作站、社区活动室、多功能电教室等。

郑汴路社区党总支成立于 2015 年 6 月 23 日，有自管党员 122 个，分为 2 个党支部，4 个党小组。社区党总支整合辖区资源，成立区域党委，以“区域化党建弘扬社区‘郑’能量”为工作理念，创新“五联”党建工作机制，与企业“组织联建”“机制联创”“资源联享”“党员联管”“活动联谊”。以“五支队伍”为依托，形成“党建+”工作模式，“五支队伍”为“党员便民服务队”“志愿帮扶服务队”“环保志愿者服务队”“文艺志愿者服务队”及“医疗卫生监督志愿者服务队”。

郑汴路社区先后获得全省“五好”社区党组织、市级“五好”社区党组织、市级基层党建示范点、管城回族区先进基层党组织等十多项称号。

电院社区 电院社区西起凌云路，东到东明路，南起商城东路，北至商城东里路。面积 0.13 平方千米，位于城东路街道东部。

社区现辖居民楼院 2 个，常住人口有 2252 户 5680 人。

社区办公地点位于商城东路 12 号，办公用房面积 30 平方米，棋牌室 100 平方米，文化活动中心 150 平方米，设有便民连锁店、警务室、幼儿园等。

社区党总支现有自管党员96人，分2个党支部，4个党小组。社区在实践中摸索形成了“三建三创”工作法，成立社区科普大学、党员志愿者服务队、文化志愿者服务队、绿色军营服务、中老年模特队、老年门球队、老年舞蹈队、老年太极拳队等。

2018年，电院社区被评为郑州市“民主法治社区”。

未来路社区 未来路社区西起未来路，东至建业路，南起熊耳河，北与金水区相接，面积0.26平方千米。

社区现辖居民楼院10个，公共单位有3个，常住人口4090户1022人。

社区办公地点位于商城东路9号院丰源官邸，办公面积约400平方米。

社区党支部成立于2010年，现有自管党员82名，下设4个党小组。党支部推行和实施“四个一”工作法，使社区党员干部成为基层工作的重要力量和服务群众的纽带。

社区先后获得“河南省科普示范社区”“郑州市示范化社区人民调委会”“先进基层党组织”“先进党员科普服务队”“档案管理规范化社区”等多项称号。

康桥花园社区 康桥花园社区东起东明路，西至熊耳河，南与二里岗街道接壤，北至郑汴路，面积0.15平方千米，位于城东路街道南部。

未来路社区　马健　摄

康桥花园社区　马健　摄

社区现辖居居楼院4个，由2个物业管理小区和电子秤厂、燃气公司2个家属院组成。辖区常住人口3401户6883人。

社区现有办公用房面积近580平方米，设有安全宣教室、社区活动室、青少年活动室、未成年人心理健康辅导站、图书阅览室等。

社区党支部成立于2010年，现有30名党员，分设3个党小组。党支部以创建安全和谐社区为目标，以“1234”工作法为抓手，整合社区资源，搭建社区党支部与居民群众之间的连心桥，开展形式多样的便民、利民、爱民活动，打造安全、和谐宜居社区。

康桥花园社区先后获得“全国安全社区”等20多项称号。

未来花园社区　未来花园社区东起未来路，西至东明路，南起熊耳河，北与金水区相连，面积0.13平方千米，位于城东路东南部。

社区现辖居民楼院3个，是一个集商务、休闲、居住于一体的混合型社区，常住人口3102户7930人。

社区便民服务中心设有科技活动室、消防体验室、文化工作站、居民文体活动室、计

未来花园社区　马健　摄

划生育康检室等，全天开放，为居民提供便利的服务。社区秉承“以人为本，服务居民”的工作理念，以党建为龙头，服务为重点，采取高科技手段治理社区为载体，高标准建设社区，高水平整合社区，高质量服务社区，高效能管理社区。

社区先后获得“郑州市消防先进单位”“郑州市绿色社区”“郑州市基层党建示范点”等称号。

裕鸿楼宇社区　裕鸿楼宇社区位于商城路与紫荆山路交叉口，面积 0.06 平方千米，位于城东路街道西部。

社区现辖 4 栋商务楼宇和新世界百货，是郑州市首家运行的楼宇社区。社区企业共有 512 家，员工 7900 余人。

社区办公地点位于裕鸿国际 B 座，办公用房 550 平方米，设有图书区、休闲区、健身区等，满足企业不同人员需求。裕鸿楼宇社区区别于传统居民型社区，社区服务对象为楼宇企业，为企业提供党建服务、社区服务和经济服务。

社区党总支成立于 2015 年 3 月，有非公有制企业党组织 3 个，党员 112 人。社区党总支将“管理与服务”作为社区建设的两大职能，以社区信息化为基础，以构建 360 全覆

裕鸿楼宇社区 马健 摄

盖服务体系为目标，以“写字楼里的鸿服务”为保障，实现“服务对象全覆盖、服务内容全方位、服务保障全天候”的精细化服务。

社区党总支先后获得郑州市基层党建示范点、郑州市先进基层党组织、郑州市非公有制企业党组织孵化基地、郑州市先进基层党校等称号。

区 位

自然地理

区 位 城东路街道地处管城回族区的东北区，地理坐标为北纬 34°45′、东经 113°41′。

气 候 辖区属亚热带和北温带的过渡带，属半干旱大陆性季风气候，四季分明，日照时间长，热量充足，自然降水偏少。辖区气温全年变化虽大，但总体比较温和，年平均气温 13.3 ~ 14℃。一年最冷和最热的天数均不太多，都在一个月左右。一年中最低气温出现在 1 月，为 -15℃；最高气温出现在 7 月，一般为 31 ～ 38℃。最高与最低气温相差 53℃。

辖区无霜期时间较长，全年为 227 天。初霜期在 11 月 11 日左右，终霜期在 3 月 28 日左右。

地　形　辖区沿商城路呈狭长区域，地势由西南向东北倾斜，约成 2% 的坡度，海拔在 100 ～ 140 米。

水　文　熊耳河由西南向东方向贯穿辖区，境内长 1.5 千米。2002 年 5 月，郑州市政府对熊耳河进行了综合治理，整治后的熊耳河两岸高楼林立、绿树成行，成为两岸居民休憩的场所。

交通地理

辖区距郑州火车站、郑州长途汽车中心站约 3 千米，距郑州东站约 8 千米，距郑州汽车客运总站约 5 千米，距陇海汽车站约 1.7 千米，郑汴路长途客运站 1.2 千米。

熊耳河　马健　摄

辖区交通便利，城北路、福元路、商城路、郑汴路等东西干道与紫荆山路、城东路、东明路、未来路等南北干道纵横交错形成“十”字交通网络；地铁 2 号线、地铁 3 号线（正在筹建期）及 30 多条公交线路途经辖区，群众出行方便。

政治地理

城东路街道是管城回族区的政治中心，管城回族政府东院和南院在辖区内。

经济地理

城东路街道位于郑州市区中心地带，辖区内有新世界百货、御玺国际等大型商业区，有 16 栋商务楼，楼宇经济成为辖区特色经济。2016 年起，因处于正在建设中的商都历史文化区范围内，辖区结合老旧小区改造，加大招商引资力度，经济得以快速发展。

未来路 BRT 车站 马健 摄

辖区楼宇经济——御玺国际　马健　摄

辖区楼宇经济——裕鸿国际　马健　摄

居 民

人口总量

1990 年，第四次全国人口普查，辖区共有 8145 户 24793 人。

2000 年，第五次全国人口普查，辖区共有 12817 户 30024 人。

2003 年，辖区共有 9587 户 26201 人。

2004 年，辖区共有 11150 户 29293 人。

2006 年，辖区总人口为 27310 人。

2010 年，第六次全国人口普查，辖区共有 18310 户 48003 人。

2015 年，辖区共有 21157 户 67371 人。

2019 年，辖区共有 26447 户 79260 人。

人口构成

1990 年，第四次全国人口普查，辖区共有 8145 户 24793 人。其中性别构成为：男性 12088 人，女性 12705 人。年龄构成为：0 ~ 14 岁 4868 人，占总人口 19.6%；15 ~ 64 岁 18594 人，占总人口 75.0%；65 岁以上 1331 人，占总人口 5%。

2000 年，辖区共有 12817 户 30024 人，其中性别构成为：男性 15312 人，女性 14712 人。年龄构成为：0 ~ 14 岁 4383 人，占总人口 14.6%；15 ~ 64 岁 23418 人，占总人口 78.0%；65 岁以上 2223 人，占总人口 7.4%。

2010 年，第六次全国人口普查，辖区共有 18310 户 48003 人，其中性别构成为：男性 24049 人，女性 23954 人。

2015 年，辖区共有 21157 户 67371 人，其中性别构成为：男性 34359 人，女性 33012 人。

2019 年，辖区总人口共有 26447 户 79260 人。其中性别构成为：男性 40007 人，女性 39253 人。

民族构成

2019年，辖区有回族、维吾尔族、满族、白族、撒拉族、彝族、苗族等少数民族人口共1455人，占总人口的7%。

居民生活

衣

新中国成立前，辖区居民的衣服及所用布料多为自己加工，服装款式单一。新中国成立后，随着人民生活水平的提高，特别是改革开放后纺织工业快速发展，居民衣着变化很大，各种布料花色繁多、品种多样，衣服款式也逐渐多样化。

20世纪80年代，男女服装衣料盛行毛呢，绸缎或毛、棉、化纤混纺，棉布越来越少，各类浅色服装增多，蓝青色中山装、列宁服基本退出历史舞台。

20世纪90年代初，男性时兴穿西服，女性时兴穿裙装。90年代中后期，服装款式多样化，服装面料追求休闲化、舒适化，面料质地由化纤类向纯棉、毛料类转化，成衣化率不断提高。人们春秋季着西服、夹克衫、套裙、牛仔服、休闲服等；夏季着T恤衫、衬衣、背心、短裙等；冬季着保暖内衣、毛衣、羽绒服、皮衣等。

进入21世纪，人们穿衣打扮讲究个性和多变，服装款式日趋个性化、品牌化、高档化、流行风格多元化发展。人们从简单的跟随潮流到引领潮流，不同的服装款式逐渐和文化相互融合。年轻人注重服装的新潮与时髦，中老年人注重服装的质地、款式与舒适度。除到商场、专卖店购买服装外，网购也成为越来越多人的选择。

食

20世纪80年代，辖区居民的饮食追求主要是吃饱，主食为粮食粗细搭配，副食以猪肉及白菜、萝卜等为主。

20世纪90年代，人民群众饮食习惯由追求“温饱型”逐步转向“营养型”，日渐讲究均衡、合理配餐。1992年郑州市粮食和农副产品市场全面放开后，城乡居民一度出现

辖区超市 马健 摄

主食由粗细结合转向全部吃细粮。90年代后期，人们食物消费观念发生转变，注重食物中的热量、蛋白质含量等，进行粗细搭配、合理膳食。

21世纪，辖区居民更加注意膳食结构，多数家庭以“细菜”西红柿、黄瓜、豆角、芹菜、蘑菇等为主，牛羊肉、蛋禽类等消费量大幅度增加，鱼虾蟹等高档食材进入居民餐桌，油类消费以植物油为主，苹果、香蕉、芒果、荔枝、桂圆等干鲜果和奶类饮料成为居民日常消费的食品，各种面点、糕点、糖果、罐头等食品消费量显著增加，且档次不断提高。人们从单纯吃饱到追求吃好、吃精细、吃得方便，举家或邀朋友上酒楼、下馆子已成为群众的“家常便饭”，各种方便食品、休闲食品、保健食品、绿色食品进入寻常百姓家庭的餐桌。

住

中华人民共和国成立前，硝滩地区属地势较低的盐碱滩地，商城遗址多为城垣土坯，居住条件差，商城遗址以东基本以农田为主，房屋较少。解放后，政府出资从商城遗址向东修建了商城路，并沿路修建设立单位及居民区，居住条件大大改善。

20世纪80年代，辖区职工住房多为按政策分配的公有房屋，一般楼高3～5层，建筑面积50～60平方米；本地居民居住的多为自建房屋，条件简陋且拥挤。

20世纪90年代，各单位自筹资金或集资建设家属院，居民住房面积逐年扩大，小区环境条件逐步改善，装修逐步升级。1993年郑州市住房制度改革全面铺开，城区住房实行商品化，房地产开发兴起。1998年年底，根据国家有关政策，辖区全面停止住房实物分配，旧城改造步伐加快。90年代中后期，辖区房地产开发加速，建设了一批适合不同阶层居住的商品房小区，商品房建设过程中，注重小区规模、环境及各项配套设施，辖区居民住房条件明显改善。

21世纪初，商品房建设物业形态由多层向高层、洋房发展，建筑面积由“温饱型”向宽松、舒适的“享受型”延伸。城区居民房屋装修的档次越来越高，木地板、高档油漆等进入普通百姓家庭。人们对居住环境的要求也越来越高，房屋装饰装修也随之盛行。除了商品房，政府为了改善城市中低收入家庭的住房条件，还推出了经济适用房和廉租房等补贴性住房。

行

新中国成立前，居民出行大多依靠步行，仅个别富裕家庭有自行车。道路多是土路，行走不便。

辖区交通 马健 摄

20 世纪 80 年代，辖区居民出行主要交通工具是自行车和公交车。

20 世纪 90 年代初，青年人买摩托车者明显增多。90 年代中期，轿车开始进入中国寻常百姓的家庭，到 21 世纪初已呈普及之势。21 世纪以来，人们出行更加便利，有自行车、电动车、摩托车、公交车、地铁可供选择，共享单车、健步行走等绿色出行也成为一种时尚。

社会保障

救济救灾

1975 年 8 月，河南省驻马店地区发生水灾，城东路街道办事处（以下简称“办事处”）组织辖区单位、居民为灾区捐赠衣物、烙饼。

1982 年夏，郑州地区遭受水灾，办事处组织辖区单位、居民为灾区捐献现金和粮票。

1991 年，在全国助残日期间，办事处组织爱心助残募捐活动，向残疾人基金会捐款 5521 元。是年，河南省信阳、驻马店、南阳等地区发生洪水灾害，办事处组织辖区单位、居民向灾区捐款 46583 元，粮票 75484 斤，棉被 250 条，棉衣 9023 件，绒衣、毛衣等共 15399 件。

1994 年，办事处组织辖区单位、居民为困难户捐款 430 元；为灾区捐衣被 570 件，现金 870 元；为残疾人运动会捐款 10500 元。

1998 年，办事处组织辖区单位、居民向灾区捐款 3.9 万元，捐衣物 4700 件。

2000 年 7 月，郑州普降暴雨，部分地区受灾，辖区居民自发捐衣物 3000 余件，捐款 1100 元。

2003 年，办事处组织向洪涝灾区人民捐物 1.2 万件，捐款 1420 元。

2004 年，办事处对各社区残疾人康复指导站进行完善，配备康复设施，为辖区残疾人发放康复器材，为残疾人捐款 8000 余元。

2005 年，办事处组织辖区单位、居民向河南洪涝灾区捐款 4200 元。在 3 月 3 日爱耳日，为残疾人发放衣物 40 件，助听器 2 个。5 月 15 日全国助残日活动中，组织辖区企业、个人捐款 2880 元，为硝滩社区一名下肢残疾人员免费配备轮椅一辆。

2008 年，四川汶川地震发生后，办事处组织辖区企业和机关干部捐款捐物，并在各社区设立爱心募捐流动箱，共募集到救灾款项 110 余万元。

2008年汶川地震街道组织爱心募捐活动

2013年，办事处组织各社区为残疾人捐款7436元，免费为残疾人发放轮椅26辆，安装无障碍通道10户。

2014年，办事处组织各社区为残疾人捐款6976元，免费为13名肢体残疾人发放轮椅，免费为辖区96名持证残疾人办理交通人身意外伤害保险，为辖区22名贫困重残家庭开展“阳光家园”居家托养服务。

2015年，办事处组织各社区为残疾人捐款6848元，免费为15名肢体残疾人发放轮椅，免费为辖区113名持证残疾人办理交通人身意外伤害保险，为12名贫困残疾人发放免费体检卡。

2016年，免费为辖区120名持证残疾人办理交通人身意外伤害保险，为40名贫困残疾人发放免费体检卡，为辖区重度残疾人发放特殊生活补贴12.349万元，为辖区贫困和重度残疾人发放生活、护理两项补贴17.794万元。

2017年，免费为7名肢体残疾人发放轮椅，为65名贫困残疾人发放免费体检卡，为辖区134名残疾人免费办理“关爱卡”，为辖区重度残疾人发放特殊生活补贴16.8万元，为辖区贫困和重度残疾人发放生活、护理两项补贴17.652万元。

2018年，免费为辖区残疾人发放辅助器具206件，为辖区143名残疾人免费办理“关爱卡”，为辖区重度残疾人发放特殊生活补贴19.818万元，为辖区贫困和重度残疾人发放生活、护理两项补贴18.14万元。

低保扶贫

1988年，辖区内有五保户5户，困难户12户，为解决他们生活困难问题，办事处按规定发放救济款及衣物。

1989年，辖区共有五保户5人，困难户15户。办事处做到五保户有人包、困难户有人管，共发放救济困难户补助费400余元。

1990年，为五保户、困难户发放补助救济款200元，同时发放棉衣、棉被等御寒衣物。

1991年，为五保户、困难户发放补助救济款2760元。

1995年，辖区开始实行最低生活保障制度（简称“低保”）。

2004年，对辖区450户472名享受低保家庭进行核查，对特困户和残疾人做到应保尽保。

2006年，辖区有82户139人享受低保，发放低保金37.5万元，发放衣物200余件。

2007年，辖区有91户202人享受低保，其中三无人员1人，失业人员29人，残疾人员167人，共发放低保金31.2万元。

2008年，辖区有93户187人享受低保，共发放低保金29.5万元。

2009年，辖区有93户169人享受低保，共发放低保金40万元。

2010年，辖区有92户158人享受低保，共发放低保金41.3万元。

2011年，辖区有83户138人享受低保，共发放低保金42.9万元。

2012年，辖区有65户93人享受低保，共发放低保金39.3万元。

2013年，辖区有63户83人享受低保，共发放低保金41.9万元。

2014年，辖区有65户84人享受低保，共发放低保金45.9万元。

2015年，辖区有70户87人享受低保，其中重残8户，共发放低保金51.5万元。

2016年，辖区有67户79人享受低保，其中重残8户，共发放低保金49.1万元。

2017年，辖区有70户82人享受低保，其中重残8户，共发放低保金50.6万元。

截至2019年8月，辖区有65户71人享受低保，发放低保金39.2万元；特困户7人，发放特困生活保障金7.3万元。

社会保险

2007年，实行城镇居民医疗保险制度，辖区做好城镇医疗保险参保工作，是年共计登记9056户25666人，参保2012户4068人。

2008年，城镇居民医疗保险参保10835人；社会保险扩面征缴335人，办理城乡居民养老保险304人。

2009年，城镇居民医疗保险新增参保4482人；社会保险扩面征缴1951人。

2010年，城镇居民医疗保险参保20243人，其中新增参保1210人；社会保险扩面征缴302人，办理城乡居民养老保险144人。

2011年，城镇居民医疗保险参保19293人，其中新增参保1105人；办理城乡居民养老保险300人。

2012年，城镇居民医疗保险参保20968人，其中新增参保1675人（包括64名新生儿）；办理城乡居民养老保险210人。

2013年，城镇居民医疗保险参保21883人，其中新增参保915人；办理城乡居民养老保险63人。

2014年，城镇居民医疗保险参保22352人，其中新增参保916人；办理城乡居民养老保险41人。

2015年，城镇居民医疗保险参保22802人，其中新增参保919人；办理城乡居民养老保险22人。

2016年，城镇居民医疗保险参保24399人，其中新增参保889人；办理城乡居民养老保险11人。

2017年，城镇居民医疗保险参保25815人，其中新增参保1416人；办理城乡居民养老保险21人。

2018年，城镇居民医疗保险参保27413人，其中新增参保1598人；办理城乡居民养老保险21人。

截至 2019 年 9 月，城镇居民医疗保险参保 27723 人，其中新增参保 310 人；办理城乡居民养老保险 9 人。

就业服务

2004 年，街道实现就业和再就业 1108 人，其中下岗失业人员再就业 843 人，“4050”（指处劳动年龄段中女 40 岁以上、男 50 岁以上的，本人就业愿望迫切，但因自身就业条件太差，技能单一等原因，难以在劳动力市场竞争就业的劳动者）人员再就业 266 人，办理再就业优惠证 8 本。为辖区下岗失业人员举办招聘会 5 场，提供就业信息 763 条。

2005 年，办理再就业优惠证 198 本。

2006 年，街道实现就业和再就业 1157 人，其中下岗失业人员再就业 722 人，“4050”人员再就业 244 人，持再就业优惠证就业 230 人，公益性岗位就业 50 人。办理再就业优惠证 81 本。再就业培训 290 人，创业培训 7 人。办理小额贷款 5 人，发放贷款共计 10 万元。

2007 年，街道实现就业和再就业 1208 人，其中持再就业优惠证就业 197 人，“4050”人员再就业 191 人。辖区劳动保障所积极开展职业介绍工作，共有 20 家用人单位到辖区进行招工登记，提供就业岗位 50 多个。

2008 年，街道实现就业和再就业 1285 人，其中下岗失业人员再就业 847 人，持再就业优惠证就业 228 人，“4050”人员再就业 166 人，办理再就业优惠证 129 本，再就业培训 593 人。电院社区和城北路社区创建成为“充分就业社区”。

2009 年，街道实现就业和再就业 1259 人，其中下岗失业人员再就业 948 人，就业困难人员就业完成 236 人，公益性岗位就业 65 人。

2010 年，街道实现就业和再就业 1246 人，其中下岗失业人员再就业 764 人。发放就业失业登记证 94 本，再就业培训 324 人。开展 5 期技能培训班，有 116 名下岗失业人员参加。办理个人小额担保贷款 10 笔共计 88 万元。

2011 年，街道实现就业和再就业 1430 人，其中下岗失业人员再就业 400 人，再就业培训 529 人。对 35 名下岗失业人员开展技能培训，城乡新生劳动力预备制培训 30 人，企业在职职工培训 110 人，零就业家庭动态管理为零，城镇登记失业率控制在 4% 以内。

2012 年，街道实现就业和再就业 1400 人，其中下岗失业人员再就业 525 人，就业困难人员就业 204 人。再就业培训 453 人，创办改善企业培训 21 人，城乡新生劳动力预备制培训 30 人，企业在职职工培训 110 人，零就业家庭动态管理为零。办理小额担保贷款手续 8 人。8 家用人单位到辖区进行登记空岗信息，提供空岗信息 160 多个。

2013 年，街道实现就业和再就业 1494 人，其中下岗失业人员再就业 716 人，就业困难人员就业 180 人，再就业培训 350 人，创办改善企业培训 47 人。

2014 年，街道实现就业和再就业 878 人，其中下岗失业人员再就业 156 人，组织 34 人参加创业和技能培训班，根据失业人员特点，有针对的开展专项培训。

2015 年，街道实现就业和再就业 2000 人，其中下岗失业人员再就业 500 人，办理就业失业证 400 本。提供有效空岗信息 90 余条，组织 50 人参加创业和技能培训班，再就业培训 395 人。

2016 年，街道实现就业和再就业 1939 人，其中下岗失业人员再就业 466 人，就业困难人员就业 155 人，办理就业失业证 265 本。下岗失业人员技能培训 35 人。共有 10 余家用人单位提供有效空岗信息 200 余个。

2017 年，街道实现就业和再就业 2265 人，其中下岗失业人员再就业 478 人，就业困难人员就业 117 人，办理就业失业证 126 本。再就业培训 503 人，组织 25 人参加管城回族区组织的技能培训，组织 93 人参加管城回族区组织的创业培训。

2018 年，街道实现就业和再就业 1638 人，其中下岗失业人员再就业 333 人，就业困难人员就业 83 人，农民工返乡创业 33 人。办理就业失业证 150 本，组织 38 人参加管城回族区组织的技能培训。

离退休管理

2004 年，辖区共有离退休人员 3035 名，为辖区老年人办理老年乘车证 700 余个；发放老年健康手册 1100 余份；社区医疗服务站义务为老年人量血压、测血糖 1300 余人次；邀请医学院的专家学者免费为老年人诊治颈肩病、关节炎等各类常见病 1700 余人次。

2006 年，组织工作人员填写辖区离退休人员基本信息登记表。

2010 年，重阳节为辖区 80 岁以上离退休老人发放高血压预防知识手册和 22 部血压仪，对于生病住院的老同志做到及时探望，对去世的老同志做到及时吊唁。

至 2019 年 10 月，辖区共有退休人员 67 人、离休人员 2 人。

社区为老年人义诊服务

党建政事

街道党工委

1954 年，中共郑州市第一区委员会在东大街街政府建立支部。

1962 年 5 月，管城区对办事处设置进行调整。原东大街街道办事处划分为东大街街道办事处和北大街街道办事处，北大街街道办事处为城东路街道办事处的前身，随之建立中共北大街街道办事处支部委员会。

1984 年 9 月，北大街街道办事处更名为城东路街道办事处，中共北大街街道办事处总支委员会更名为城东路街道办事处总支委员会。

1986 年 1 月，中共城东路街道办事处总支委员会改为中共城东路街道办事处委员会。

2003 年，中共城东路街道办事处委员会改为中共管城回族区委员会城东路街道办事处工作委员会（简称“街道党工委”）。

2005 年，街道党工委在辖区开展保持共产党员先进性教育活动。

2006 年，街道开展“一创两优”活动。加大实践力度，改善机关作风，取得了初步成效，机关文明服务的氛围初步形成。

2007年，加强基层党组织建设和党员队伍建设。以商城花园社区和郑汴路社区为党建示范点，开展“红色家园”创建活动，构建城市社区党建工作新格局。

2008年，通过举办“讲正气、树新风”活动，辖区党员干部思想作风、工作作风、领导作风、生活作风得到明显改善，形成了比学赶超、互动向上的良好工作局面。通过举办以开展大讨论，实施大练兵、完善大网络、树立高标杆为内容的“三大一树”学教活动，在全体党员中形成了努力提高素质，锻炼自身能力的新作风。

2009年，开展“作风建设集中活动月”，辖区党员工作作风明显改善。

2010年，从夯实基础、创新载体、打造亮点3方面入手开展基层党建工作。郑汴路社区党支部作为郑州市7个社区党支部之一参加了全国街道社区党建工作现场会。

2011年，实施基层党建“一三四”工程，即建好一个基层党建领导班子，打造三个亮点（打造圆方非公企业党建亮点、打造商城花园社区党建亮点、丰富社区党建新载体亮点），搞好四个活动（“创先争优”活动、“五小”整治活动、深化作风建设年活动、深化作风建设年集中活动月活动）。

2012年，街道、社区、非公有制企业、商圈等领域各打造一个党建亮点，将商城花园社区定为党建示范点，从“聚、高、实、活、动”五个方面重点进行打造；设置“七室、两站、一中心”（“七室”即党组织办公室、党员活动室、图书阅览室、党员电教室、党员谈心室、多功能会议室、档案室；“两站”即党代表联络站、综合党委驻社区工作站；“一中心”即在裕鸿国际成立裕鸿国际党群服务中心），采取“以一带三”服务模式（以党建服务为龙头，为服务对象提供经济服务、综治服务、行政服务），开展楼宇服务管理和协调工作。

2014年，建立健全党建工作例会、联席会议制度和党建工作联系点制度，辖区各级党组织召开民主生活会35次，征求意见建议57条，解决实际问题31件；为企业党建工作提出合理化建议46条，全部被企业采用。设置“七室、两站、一中心”，利用党员图书阅览室、电教室，从抓好党员教育入手，让党员素质“高”起来。推行以党支部为龙头，综合党委成员联系党代表、党代表联系党员、党员联系群众、区域内各类党组织联动的“1+4”联动工作机制，递进式商议解决群众反映的问题，引导社区居民有序参与社区建设管理。

2015年，全年举办党建工作业务培训4期，培训非公企业党组织书记80余人次。

2016年，制定《党组织建设工作实绩评价实施办法》，对社区及非公企业党组织进行考核，对10个先进基层党组织、30名优秀共产党员、10名优秀党务工作者进行表彰，

裕鸿楼宇社区党群服务中心　马健　摄

对 10 个党员（岗位）授予“党员示范岗”称号。开展党员党组织关系排查活动，规范党组织档案 14 家、党员个人档案 957 个。举办“不忘初心，继续前行——习近平‘七一’讲话解读”讲座，开展领导班子讲党课、“手抄党章 100 天”、“戴党徽、亮身份”、“两学一做”大会考、“不忘初心、重温入党志愿”座谈会、“重温入党誓词”、“城东大讲堂”、“十八届六中全会”宣讲等活动。推行楼宇“360”党建模式，整合人员、阵地、功能等党建资源，实现楼宇党建资源全覆盖；楼宇“360”党建模式被郑州市委组织部定为党建课题，城东路街道被定为党建课题实践基地。

2017 年，街道设立党建工作办公室，负责街道党建、宣传、统战等工作；开展争当“五个模范”、“4+X”主题党日、同过政治生日等活动；建立 11 个楼宇党建工作站、57 个居民楼院党小组，以“条块结合、资源共享、优势互补、共驻共建”为原则，推动社区党建与辖区公共单位、“非公和社会”组织党建融合，构建区域化党建新格局；打造社区工作者、党员志愿者和专业社工 3 支队伍，实现服务常态化、精准化和专业化，提升社区服务水平；以党代表工作室、在职党员进社区活动和在线交流平台为载体，以建设服务型党组织为抓手，强化便民服务网络建设，提升服务群众水平。

街道机关党支部“不忘初心 牢记使命”重温入党誓词活动

2018 年，街道 10 个社区党组织分别召开党员选举大会，共选举产生社区（总）支部书记 10 人、副书记 4 人、委员 24 人。

截至 2019 年，城东路街道党工委下辖 25 个党组织，党员 1621 名。

街道办事处

中华人民共和国成立初期，成立街政府，1956 年 2 月街政府改为街道办事处，并延续至今。

街道办事处是区政府的派出机构，受区委、区政府的领导。街道办事处的主要职责是完成市、区两级政府的城市管理、社会福利、爱国卫生、生活服务等各项工作。随着形势发展，办事处的职能和任务也不断改变。党的十一届三中全会以后，办事处把发展经济工作作为街道工作的主要任务之一；21 世纪以后，办事处的主要职责是搞好城市管理，搞好社会服务，搞好社会治安综合治理以及精神文明建设等工作。

人大工委、政协工委

人大工委 1987年5月4—11日，管城回族区召开第九届人民代表大会第一次会议，决定在街道设人大代表联络组。

2003年1月，管城回族区召开第十三届人民代表大会第一次会议，决定在街道设人大工作委员会。城东路街道办事处会议决定，成立管城回族区人民代表大会城东路街道工作委员会（简称“人大城东路工委”）。

人大城东路工委负责组织辖区人大代表参加管城回族区人民代表大会，在区人大闭会期间组织人大代表加强学习，提高代表素质和履职能力，发挥人民代表参与决策、民主监督、桥梁纽带和模范带头作用。

截至2018年，城东路街道人大代表共有15人，人大代表联络站2个，分别是商城花园社区人大代表联络站和裕鸿楼宇社区人大代表联络站。

政协工委 1984年8月，政协管城回族区首届一次会议召开；1987年5月，政协管城回族区第二届一次会议召开；1990年，政协管城回族区第三届一次会议召开。1990年，城东路街道成立管城回族区政协城东路街道参事组，随后改为城东路街道政协工作委员会（简称“政协工委”）。

政协工委负责组织辖区政协委员参加管城回族区政治协商会议，在闭会期间组织政协委员开展学习、调研，咨询服务等，履行委员职责，促进政治协商、民主监督制度建设。

群团组织

工 会

1980年7月，北大街街道办事处成立工会委员会（简称“办事处工会”）。

2003年9月，城东路街道办事处工会委员会召开第三届工会会员大会。

2001年，为保证私有企业职工和下岗职工的合法权益，在办事处工会指导下，辖区内13个有一定规模的私有企业和6个社区分别建立了工会委员会。同时成立联合工会，联合工会是私有企业工会和社区工会的上一级工会组织。

2013年10月，办事处工会与辖区企业工会协商并签订区域集体合同、区域工资集体合同、女职工专项集体合同，保障了辖区企业工会职工的基本权益和女职工的特殊权益。

2018 年，办事处工会为辖区下岗职工约 500 人组织技能培训，提供辖区企业用工信息，帮助困难群众职工再就业约 60 人；为鼓励困难群众自主创业，发放小额借款 40000 元；组织指导 6 家辖区企业成立工会委员会；为单位职工 150 余人办理工会会员卡。

2019 年 1 月，办事处工会为辖区失业人员提供 14 家企业 27 个职位招聘信息，共计招聘人数 150 余人。

共青团

1954 年 3 月，郑州市第一区东大街街政府建立党支部的同时，建立了共青团东大街街政府支部委员会。

1962 年 7 月，建立共青团北大街街道办事处支部委员会。

1983 年，北大街办事处团支部改建为团总支。

1984 年，团总支名称更名为城东路街道团总支。

1990 年 3 月，撤销城东路办事处团总支，组建城东路街道办事处团工委。

十八大以来，城东路街道团工委带领各级团组织及广大团员青年，开展“不忘初心跟党走、我为社区添光彩”演讲比赛，“青春心向党、建功新时代”主题团日活动，“大手拉小手、共创好市容”“迎民族盛会、庆七十华诞”“关爱残疾人”志愿服务等一系列活动，动员街道青年通过做好本职工作、参加志愿服务活动等方式，提升青年服务社会的意识。

妇　联

1954 年 4 月，东大街街政府成立街道妇女联合会（简称“东大街街道妇联”）。

1961 年，红旗分社（原东大街街道办事处）在各个居委会成立了妇代会。是年，红旗分社妇联对辖区妇女开展了“三面红旗”集体主义教育活动，以及勤俭建国、勤俭持家的两勤教育活动。

1966 年，北大街街道妇联组织广大妇女开展学习毛主席著作和学习焦裕禄先进事迹的活动。

1981 年，街道妇联把抚育、培养、教育儿童和青少年作为重点工作。根据管城回族区妇联的安排，在辖区妇女中开展“五讲四美”活动。

1982 年，街道妇联组织居委会妇代会人员学习模范共产党员赵春娥的先进事迹。

1985年，街道妇联在辖区妇女中开展“一学两赛”（学知识、赛科学致富、赛革新创造）活动和“四有”“四自”教育活动。

1987年，街道妇联组织妇代会成员参加建功成才学习班。

1990年，街道妇联成立“四学一评”领导小组，号召辖区妇女开展“学雷锋”“学二兰”活动，组织基层妇代会成员参加“婚姻法”“继承法”专题普法教育学习班。

1991年，街道妇联开展创文明家庭、文明楼院、文明街道活动；在女职工中开展“中州巾帼建功”活动；在辖区开展家务服务试点工作和妇女病普查工作。

1992年，街道妇联组织基层妇女干部学习“妇女保障法”“未成年人保护法”。

1995年，开展“增强城市意识、争创文明家庭，提倡科学、健康文明的生活方式”的活动。

1996年，街道妇联把社会治安综合治理工作纳入到妇女工作中，组织基层妇代会干部参加管城回族区司法局组织的法律知识答卷考试。“三八”妇女节期间，街道妇联组织辖区妇女为农村捐赠科技图书200多本。

1997年，街道妇联把“巾帼建功”活动与精神文明建设结合起来，在辖区开展“争做好媳妇、好妻子、好母亲”活动。

1998年，街道妇联重点抓了女职工的职业教育和素质教育；在各个居委会创办“巾帼家政服务站”，开展家政社区服务，为下岗女工开辟了新的就业领域。

1999年，街道妇联将“巾帼建功”活动作为工作目标进行量化分解并制订实施计划；在街道机关设立“巾帼建功”示范岗。

2000年，开展争创“五好家庭”活动，辖区内13名好媳妇、好妯娌、好军嫂、好婆婆受到区妇联的表彰。

2002年，郑汴路社区成立全省第一个“维护儿童合法权益服务站”。服务站组织动员了辖区内的律师、其他法律工作者、基层妇代会工作者、社区志愿者等52人参加了社会维权志愿队。

2003年，管城回族区妇联、城东路街道妇联与郑州圆方物业管理有限公司成立“圆方妇女儿童庇护中心”。

2004年，街道妇联邀请省、市著名妇科专家为辖区100多名妇女进行妇女常见病防治知识讲座，并为到会妇女免费体检。

2005年12月8日，郑汴路社区被全国妇联授予“零家庭暴力示范社区”称号。

城东路街道 2009—2018 年获得部分荣誉

奖项	发奖单位	年份
2008 年度郑州市青少年思想道德教育先进单位	中共郑州市委宣传部	2009
五一劳动奖状	郑州市总工会	2009
先进基层党组织	中共郑州市委	2010
全市“五小单位”综合整治工作先进乡（镇、办事处）	中共郑州市委组织部	2010
2009 年度郑州市爱国卫生杯竞赛活动优秀单位	郑州市人民政府	2010
郑州市“六好”乡镇街道工作	郑州市总工会	2010
河南省文化先进乡镇（办事处）	河南省文化厅	2011
郑州市 2010 年度未成年人思想道德建设工作先进单位	郑州市精神文明建设指导委员会	2011
2010—2012 年全省创先争优先进基层党组织	中共河南省省委	2012
郑州市 2010 年度安全生产工作先进单位	郑州市人民政府	2012
郑州市 2013 年度未成年人思想道德建设工作先进单位	郑州市精神文明建设指导委员会	2014
郑州市文化工作示范基地	中共郑州市委宣传部	2015
五一巾帼标兵岗	郑州市总工会	2015
郑州市社区科普大学工作十佳街道办事处	郑州市人力资源和社会保障局、郑州市科学技术协会	2015
郑州市 2014 年度未成年人思想道德建设工作先进单位	郑州市精神文明建设指导委员会	2015
省级文明单位	中共河南省委、河南省人民政府	2016
郑州市先进基层党组织	中共郑州市委办公厅	2016
郑州市 2015 年度“坚持依靠群众推进工作落实”长效机制工作先进乡镇（街道办事处）	郑州市人民政府	2016
国家第五批全国民族团结进步创建示范单位（硝滩社区）	中华人民共和国国家民族事务委员会	2017
郑州市 2016 年度爱国卫生杯竞赛活动铜杯	郑州市人民政府办公厅	2017
郑州市“双迎攻坚”工作先进单位	郑州市人民政府	2018

基础设施

中华人民共和国成立初期，辖区内基础设施薄弱。随着城市建设发展，辖区道路得到了硬化拓宽，尤其是对城东路的不断改造升级，大大改善了辖区的交通环境。20世纪50年代，辖区居民用水来源为郑州市统一供应的自来水。80年代以后，集中供气供热逐渐普及，人民生活水平不断提升。

20世纪60年代以来，办事处持续开展绿化活动。2004年，办事处绿化面积7000平方米，绿地率达到30%以上。截至2019年，辖区共有小游园3处，多个街头建有小微景观，绿化效果显著，整体面貌焕然一新。

市政设施

城市道路

城东路街道办事处辖区内，东西向道路主要有城北路、商城路、郑汴路、硝滩后街、商城东里等，南北向道路主要有紫荆山路、塔湾路、城东路、凌云路、货站北街、东明路、未来路、玉凤路等。

1984 年，辖区单位自筹资金，完成单位门前及围墙以外人行道的硬化任务。

1990 年，办事处配合管城回族区城建部门修补人行道 500 平方米，修补柏油路面 350 平方米，更换窨井盖 93 处。

1994 年，辖区硬化路面 1500 平方米。

2004 年，辖区整修道路 4 条。

2008 年，辖区硬化路面 825 平方米。

2011 年，辖区新铺混凝土路面 1959 平方米。

2012 年，街道排查出道路病害及窨井病害问题 900 余处。

2014 年，街道在主次干道新画非机动车停车线 7000 余米。

2017 年，街道为硝三院等 81 个无主管楼院修补破损路面。

主干道

紫荆山路 紫荆山路是贯穿郑州市南北的交通干道。辖区路段南起商城路，北至硝滩街，长约 230 米，宽 30 米。

紫荆山路建设工程被列为郑州市 1997 年度四大重点工程之一，早在 20 世纪 50 年代中期开始规划，就是郑州市采用“以路带房、以房养路”筹资方式兴建的一条城市主干道。紫荆山路建设一期工程北至金水路，南至陇海路，全长近 2.4 千米，道路设计为双向六车道，一幅路面，红线宽 45 米，道路两侧规划 50 ~ 150 米，总投资 3.2 亿元。

该工程于 1997 年 6 月 18 日开工，1997 年 12 月 28 日建成通车，路两边设计有造型各异的花坛，内栽黄杨、月季等，行道树外层为银杏。紫荆山路建设二期工程是陇海路至航海路，于 1998 年完工通车。

商城路 商城路东起城东路，西至人民路。辖区路段东起东明路，西至紫荆山路，长约 1700 米。

紫荆山路　张韶春　摄

商城路　马健　摄

现商城路西段，即管城街口至人民路约500米的路段，原名天成路。后因与商城路东段相通，更名为商城路。

1985年，商城路铺筑柏油路面16800平方米。

1989年，辖区对商城路进行综合治理。

1995年12月，郑州市政府投资455.89万元，由郑州市市政工程管理处负责对商城路（城东路至铁路专用线路段）进行施工建设。工程于1996年10月结束。共计修建60管313米、50混凝土管270米、$40混凝土管547米，铺砖涵58米、沥青路面16895平方米、道板3500米。

1998年，商城路路灯改造完成。2001年9月，管城回族区政府投资198万元对商城路进行综合整治，拆墙透绿600米，新建绿化带围墙400米。

2003年，郑州市政工程管理处对商城路（人民路至东明路路段）路面整体复浇，敷设3～5厘米沥青混凝土，将人行道道板更换为新型的透水荷兰砖。

2016年10月，对商城路整修改造，进行自来水与燃气管线埋设，全段铺设沥青。

截至2019年，道路两侧主要单位有：管城回族区政府东院（原郑州电力高等专科学校）、郑州城隍庙、管城回族区回民第二小学。

城东路 城东路原名为二里岗大道，位于城东墙外侧，南起航海路，北至金水路，全长4725米。辖区路段南起东大街，北至城北路，全长900米。

城东路北段自东大街至金水路，最初为土路基，曾经是通往飞机场和金水路的主要干道。

1959年10月至1960年4月，该路被修成7米宽的泥结碎石路面。

1964年7月和1965年4月，两次浇封层柏油和复浇柏油。

1982年2月，该段进行扩建，路面宽21米。

1986年，该路成为郑州市二环道的组成部分，往南通尉氏、新郑等地，往北通新乡、开封等城市，为一条重要过境干道。

2000年，郑州市将城东路两侧的高架电缆改为地下电缆，路面进行拓宽。

截至2019年，道路两侧的主要单位有管城回族区政府办公南院、城东路街道办事处、管城公安分局城东路派出所、中国石化加油站等。

东明路 东明路辖区路段南至郑汴路，北至佳艺花园，长约 1100 米，宽 15 米。

该路始建于 1991 年，是郑州市区重要的交通要道。后因道路路况差，车流量大，2002 年 2 月起，郑州市市政工程管理处对东明路（金水路至郑汴路路段）实施拓宽改造工程，路面拓宽至 14 米，铺设 25 厘米厚灰土基础 9164 平方米，安装侧石 2560 米，栽路边石 5722 米，清运旧渣 6000 立方米、碎石层 8903 平方米，敷设 3 厘米细粒式沥青混凝土 26912 平方米、荷兰砖人行道 8903 平方米、盲道 937 平方米。

城东路 马健 摄

东明路　马健　摄

2006 年 7 月 12 日，对东明路（熊耳河至顺河路路段）路面开展局部整修工程，主要工程量为沥青路面机械铣刨 723.8 平方米，沥青路面铺设 1470.2 平方米，2007 年 4 月 13 日竣工。

2018 年，对东明路整修改造，局部拓宽，机动车道宽 14 米，达到双向四车道标准，部分路口再进一步拓宽渠化，并设置独立的非机动车道，按新规划实现分离通行，同步完成道路绿化，并完善交通标线和交通电子设施。

次干道

商城东路 商城东路辖区路段东至玉凤路，西至东明路，长 980 米。

1955 年，二里岗大道（现商城路）以东至郑州飞机厂专用线地带有三友鞋厂、黄委会等在此初建家属院。该地段形成通往二里岗大道的自然道路。后来该路段被铺设成炉渣煤灰路。

1979 年该路定名为红卫东路。1982 年更名为商城东路。1995 年该路铺设为柏油路。1999 年，商城东路拓宽改造。

2016 年，商城东路整修改造，埋设自来水与燃气管线，全段铺设沥青。

商城东路 马健 摄

截至2018年，道路两侧主要单位有管城回族区东关小学。

城北路 城北路位于郑州北城墙北侧，辖区路段东至东明路，西至城东路，长780米。

城北路原为农田小路，随着城市建设发展，黄委会水文局、郑州市财税学校等单位相继迁建，形成道路并命名为城北路。后来被铺设为柏油路。

2006年，辖区对城北路（城东路至东明路路段）进行改造，3月15日开工，5月8日竣工。共复浇路面6376平方米，人行道满铺荷兰砖9564平方米，更换侧石1594米。

截至2018年，道路两侧主要单位有郑州回民中学分校。

城北路 马健 摄

背街小巷

商城东里 商城东里是城东路东侧的一条东西小路，长500米，宽6米。

该处原为农田，20世纪70年代以后，随着附近工厂的兴起，一条通往城东路的自然道路形成。

1982年，经郑州市批准，该路定名为商城东里。

1990年以后，此处人口大量聚集，商城东里形成居民居住区。

1995年，城东路街道办事处组织沿街单位集资修路。

1996年，修成地下排水的水泥路。

2007年，辖区对道路进行整治，基本达到“路平、灯明、水通、安全、卫生”的标准。

塔湾路 塔湾路北起硝滩街，南至商城路，始建于1984年。辖区路段长300米，路面宽9米。

2006年，针对塔湾路年久失修、坑洼不平、排水不畅等现状，管城回族区建设和环境保护局根据塔湾路的现状制订出路面及雨污水管网改造实施方案，并组织施工单位进行

商城东里　马健　摄

施工，完成改造任务。2011 年，街道对道路进行综合整治。截至 2018 年，街道两侧主要单位有郑州市体育运动学校，郑州市公安局刑侦支队。

硝滩街　硝滩街东起塔湾路，西至紫荆山路，全长 415 米，宽 9 米。2003 年，硝滩街路灯建设和改造工程完成。2010 年，郑州市对道路进行综合整治。

城市排水

城东路雨水管道管路走向为南起航海路、沿城东路中心向北，穿过陇海铁路、货站街、陇海东路联通熊耳河；北起东大街，沿路中心向南接入熊耳河。全长 2894.79 米，涵盖航海路以北、东大街以南区域及城东路两侧地区。

公用设施

公共交通

公　交　2018年，途经辖区的公交线路有27、285、58、80、S166、2、42、65、Y1、192、B1、B15、B101、52、206、199、B17、29、Y29、62、86、86区间、93、269、Y16、35、60、85、985、Y5等，共30条线路。

未来路BRT车站　马健　摄

途经辖区公交线路一览表

路线	起止点	途经辖区道路	辖区站点
B1路	中州大道农业路至电厂路公交站	未来路	商城路站、西沈庄站
Y1路	火车站北港湾至民航花园公交站	商城路 东明路	商城路紫荆山路站、商城路城东路站、解放军电子技术学院站、东明路商城路站、东明路城北路站
2路	火车站南港湾至索凌路呆村公交站	商城路 东明路	商城路紫荆山路站、商城路城东路站、解放军电子技术学院站、东明路商城路站、东明路城北路站

续表

路线	起止点	途经辖区道路	辖区站点
Y5 路	郑州东站至火车站北港湾	郑汴路	郑汴路东明路站
B15 路	北三环中州大道站至石化路公交站	未来路	商城路站、西沈庄站
Y16 路	紫荆山南路南四环至紫荆山路顺河路	紫荆山路	紫荆山路商城路站
B17 路	火车站南港湾至经开第八大街公交站（经开第八大街）	商城路 城东路	商城路紫荆山路站、城东路商城路站
27 路	东建材至兴隆铺路沙口路	城北路 东明路 郑汴路	城北路商城东里站、城北路东明路站、东明路商城路站、东明路郑汴路站
29 路	火车站至郑州海洋馆	紫荆山路	紫荆山路商城路站
Y29 路	姚庄公交站至紫荆山路顺河路	紫荆山路 商城路 城东路	紫荆山路商城路站、商城路城东路站、城东路东大街站
35 路	医学院至经开第八大街公交站（经南五路）	郑汴路	郑汴路东明路站
42 路	百脑汇至东建材	东明路 郑汴路	东明路城北路站、东明路商城路站、东明路郑汴路站
52 路	七里河南路陇海路至世纪联华汝河店	商城路 商城东路	商城路城东路站、解放军电子技术学院、商城路东明路站、商城路未来路站、商城路玉凤路站、商城路凤台路站、商城路英协路站
58 路	华山路公交站至商城路城东路	紫荆山路 城北路 商城路	紫荆山路商城路站、城北路紫荆山路站、城北路城东路站、城东路城北路站、商城路城东路站
60 路	郑州东站至赵坡新村	郑汴路	郑汴路东明路站
62 路	汽车客运南站至东赵公交站	紫荆山路	紫荆山路商城路站
65 路	火车站北港湾至民航花园公交站	紫荆山路 商城路 东明路	商城路紫荆山路站、商城路城东路站、解放军电子技术学院站、东明路商城路站、东明路城北路站
80 路	经三路广电南路至花寨公交站	城东路	城东路商城路站、城东路城北路站、城东路东里路站
85 路	火车站至郑州高铁长途汽车枢纽站	郑汴路	郑汴路东明路站
86 路	经南五路公交站至宋寨	紫荆山路	紫荆山路商城路站
86 路区间	经南五路公交站至新通桥	紫荆山路	紫荆山路商城路站
93 路	东建材至省体育中心	紫荆山路 郑汴路	紫荆山路商城路站、郑汴路东明路站
B101 路	航海路秦岭路至中州大道农业路	未来路	未来路郑汴路站、商城路站、西沈庄站
S166 路	航海东路公交站至紫荆山金水路东	城东路	城东路东大街站、城东路商城路站

续表

路线	起止点	途经辖区道路	辖区站点
192 路	陇海路中州大道（普通站位）至晨旭路中州大道	东明路	东明路郑汴路站、东明路商城路站、东明路城北路站
199 路	紫荆山路顺河路至姚庄公交站	城东路 紫荆山路	城东路商城路站、商城路紫荆山路站
206 路	会展中心至火车站	未来路 商城路 东明路	西沈庄站、商城路未来路站、东明路商城路南站
285 路	经七路金水路至郑州高铁长途汽车枢纽站	城北路 东明路	城北路城东路站、城北路商城东里站、城北路东明路站、东明路城北路站
269 路	佛岗村公交站至紫荆山路顺河路	紫荆山路	紫荆山路商城路站
985 路	小雍庄至火车站	郑汴路	东明路郑汴路站

地　铁　2016 年 8 月 19 日，郑州地铁 2 号线正式通车运营，线路北起郑州市金水区刘庄站，终点为管城回族区南四环站，途经辖区紫荆山路商城路站，辖区附近南有东大街站，北有紫荆山站。

正在建设中的地铁 3 号线是郑州中心城区一条西北至东南走向的城市轨道交通骨干线路，途经惠济区、金水区、二七区、管城区和郑东新区，辖区附近设有郑州文庙站和博览中心站，预计 2020 年年底通车试运营。

供　水

中华人民共和国成立初期，辖区居民用水来源主要为井水。20 世纪 50 年代以后，随着柿园水厂、白庙水厂、东周水厂等相继建立，辖区居民用水为郑州市自来水总公司统一供应的自来水。

供　气

20 世纪 80 年代前，辖区居民及单位主要使用散煤、型煤或薪柴。1983 年郑州市开始供给天然气，辖区居民逐渐使用天然气。进入 21 世纪，街道供气率达 100%。

供　热

20 世纪 80 年代初期，辖区居民及单位主要用燃灶或煤炉取暖。1990 年后，辖区陆续开始集中供暖。

园林绿化

绿化美化

1958 年起，辖区按照“边建设、边绿化”的方针，开展道路绿化和庭院绿化工作。

20 世纪 60 年代，辖区部分单位开始建花坛、种树带。

1981 年，郑州市园林处下派一名绿化员到办事处，负责辖区内的市政绿化、庭院绿化等绿化工程的实施。

1982 年，辖区共植树 15633 棵，浇树 17697 棵，粉刷树干 12684 棵，修花坛 112 个 3236 平方米；种花木 24315 棵，花草 38000 盆，修建苗圃 6 个 1337 平方米。办事处组织辖区居民参加市里义务劳动，植树 8550 棵，参加义务工 4204 人次。

1984 年 7 月，办事处对商城东路沿街单位下发关于种植草皮任务的通知。

1987 年，辖区新种常青树 1043 棵，落叶树 1927 棵，花灌木 15307 棵，新建花坛 6 个 186 平方米。办事处组织辖区居民参加绿化义务劳动，出工 9756 人次，参加郑州市绿化工程，出工 9518 人次。

1988 年植树节期间，辖区共种植常青树 251 棵，落叶树 2966 棵，花灌木 13158 棵，月季 6510 棵；办事处组织辖区居民参加郑州市绿化工程，义务出工 15591 人次。

1989 年，在绿化宣传活动中，办事处提供宣传标语 7000 余条，黑板报 30 余条块，提供宣传车 2 辆。植树节期间，办事处组织辖区单位义务出工 1000 人次，植树 1500 棵，修建花坛 300 平方米。

1990 年，办事处组织辖区单位植树 8000 棵，种花灌木 23400 棵。

1991 年，办事处组织全民义务植树，出工 23250 人次。

1994 年，辖区栽种乔木 280 棵，花木 3200 株，新建花坛 360 平方米，栽种绿篱 300 平方米、草皮 200 平方米、月季花 430 株。

1999 年，辖区创建花园式家属院 6 个。

2000 年，郑州市出资在辖区商城遗址东城墙外侧 20 米内进行绿化，填平护城沟，种植花草树木，建成环城花园。

2002 年，辖区城北路、塔湾路更新、栽植法桐 120 株。

2003 年，东明路（金水路至郑汴路路段）栽植法国梧桐 390 株，黄杨 38000 株，其他灌木 7817 株。

2004 年，办事处开展植绿护绿活动，绿化面积 7000 平方米，辖区绿化率达到 30% 以上。

2005 年，种植月季 12000 株，各类灌木、乔木 11100 多株，垂直绿化 2425 株，屋顶绿化 950 平方米，新增绿地建设 56700 平方米。电子学院家属院、远征都市港湾、世纪之星城市花园等 3 个小区绿化达标，郑州电力高等专科学校、郑州市体育运动学校等 2 个单位绿化达标。

2007 年，摆放鲜花 5000 盆，电子学院社区创建成绿色社区。

2013 年，办事处投入资金 17 万元，用于增加辖区绿化覆盖，种植红叶石楠 7000 棵，小叶女贞 1500 棵。

2014 年，开展“园林绿化管养整治服务提升”百日行动。

2019 年，辖区新建街头小游园 2 处（怡心园和舒心园），新建街头小微景观 7 处。补栽补植花草共计 300 余株。成功申报区级园林小区 5 个：绿都锦苑、丰源官邸、兰桂小区、康桥花园、大城小爱。成功申报区级园林单位 2 个：河南原田物业管理有限公司、郑州市管城回族区东关小学。

游 园

励志园 2018 年 3 月建成，位于凌云路与商城路交叉口西北角，游园面积 100 平方米，东临凌云路，南临商城东路。园内种植翠竹、凌霄花等植物。

怡心园 2019 年建成，位于警卫路与商城东路交叉口西南角，游园面积 50 平方米，北临商城东路，东临武警三支队，园内种植五角枫、黄杨等树种。园内设有优质木材建造的座椅，供居民休息。

舒心园 2019 年建成，位于城东路与商城路交叉口东北角，南临商城东路，西临城东路，游园面积 150 平方米。园内种植有桂花、黄杨、冬青等树种。

励志园

怡心园　马健　摄

舒心园　马健　摄

熊耳河畔绿化　马健　摄

未来花园社区绿化　马健　摄

环卫设施

1991 年，办事处动员辖区单位集资 13 万元建成书院街垃圾中转站。

2007 年，辖区新增果皮箱 20 个。

2017 年，郑州市奖励补贴道路冲洗车 6 辆，管城回族区奖励补贴道路冲洗车 6 辆。

2018 年，郑州市城市管理局下拨新能源四轮电动车 17 辆，管城回族区城市管理局下拨 14 辆。同时，环卫所督促个人购买新能源车三轮垃圾车 23 辆。

商城花园社区生活垃圾分类投放站　马健　摄

2018 年，办事处更换辖区道路两侧果皮箱 157 个。

2019 年，城东路办事处作为全区试点，全面开展垃圾分类推广工作，在辖区楼院设立分类投放垃圾箱。新增加环卫快跑车 10 辆，价值 4.8 万元；高温高压冲洗车 2 辆，价值 10.4 万元。

郑州商城遗址（城东路辖区）

郑州商城遗址位于郑州商代遗址的中部，是一座商代前期都城遗址，距今已有3600年的历史。三重城垣结构的城市格局、庞大的宫殿、众多的手工业作坊、精美的青铜器，再加上历史文献的记载，充分说明郑州商城是3600年前商汤建立的“亳都”。1961年3月4日，国务院公布郑州商代遗址为全国重点文物保护单位。

辖区商城路—城北路段，有商城城垣475米，汉城垣615米。

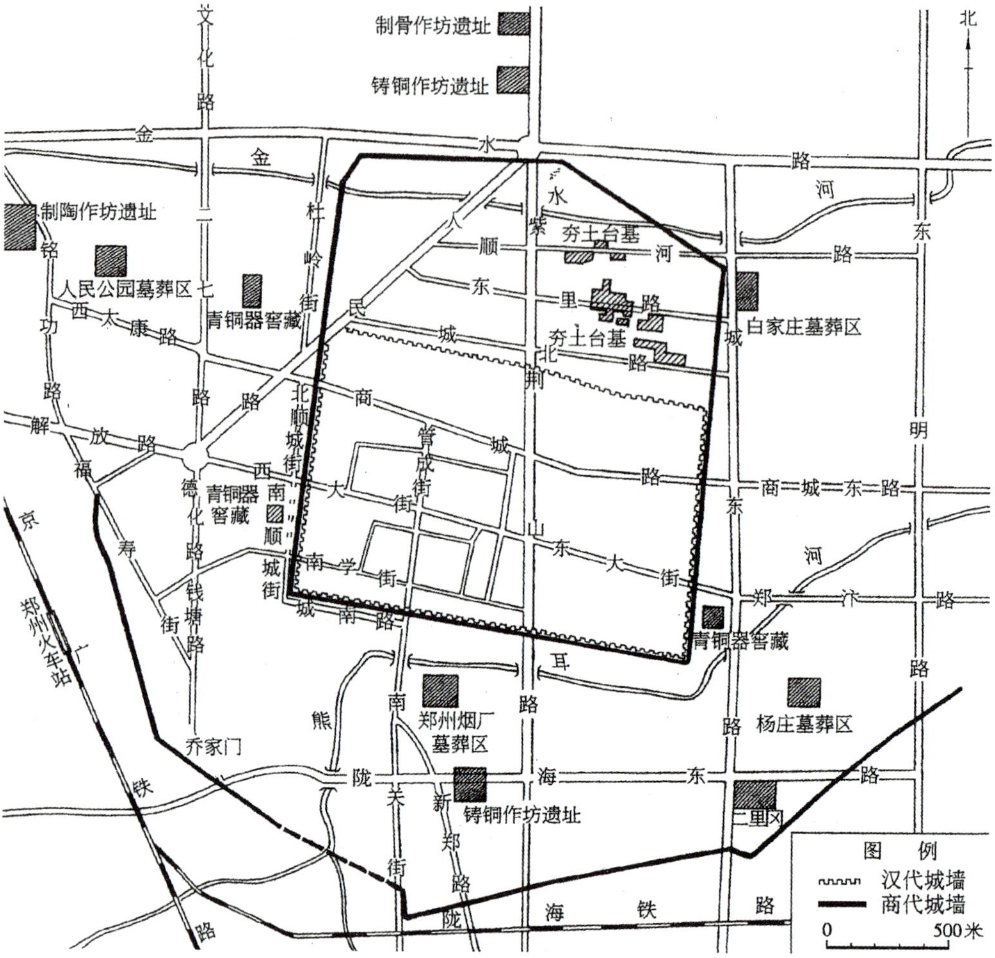

郑州商代遗址平面布局图

商城内城（城东路辖区）

郑州商城内城在城东路辖区内商城路—城北路段，有商城城垣475米，汉城垣615米。

商城内城近似长方形，北城墙有拐折，东端位于顺河路与城东路交叉口西南，西北至紫荆山公园西门，再向西沿金水路南侧延伸至杜岭街北端东侧缓折向南，全长1690米；西城墙从杜岭街北端东侧接北城墙，向南穿越人民路，再向南沿北顺城街和南顺城街东侧，至南顺城街南端与南城墙相接，长约1700米；南城墙始于南顺城街南端与城南路交叉口东北侧，沿城南路北侧东向延伸，穿越紫荆山路，至城东路熊耳河西侧，全长约1870米；

郑州商城遗址老照片

郑州商城遗址老照片

东城墙从城南路东端向北穿越东大街、商城路、东里路，至顺河路南侧与北城墙相接，全长约 1870 米。其中，东城墙和南城墙保存状况较好，现今仍大多立于地面之上，尤以东南城角保存最好。考古工作者曾在内城城墙上发现 11 个宽窄不同的缺口，有的应与商代城门有关。城墙底宽 20 ~ 30 米，顶宽 5 米多，复原后高约 10 米。

郑州商城内城垣采取版筑法分段分层夯筑而成，每段长约 3.8 米，每层夯土厚 8 ~ 10 厘米。每层夯土面上，布满密集的圆形尖底或圜底夯窝，使用集束圆木棍作为夯具夯打而成。夯窝直径 2 ~ 4 厘米，深 1 ~ 2 厘米。

城垣的横断面呈梯形，中间层层平夯，作为城垣的主体，被称为“主城墙”；两侧为夯土倾斜面，被称为“护城坡”。墙内侧比外侧坡缓。在平夯和斜面接缝处保存着近于平直的版筑壁面，壁面上遗留有横列木板的痕迹，木板长 2.5 ~ 3.3 米，宽 0.15 ~ 0.3 米。这种倾斜面夯筑结构应是加固城墙的措施。

汉代重新修整城垣时，城区面积和城垣规模较春秋管国、战国管城时都稍有缩小。这个城垣范围之后一直没有改变。

商城遗址城东路段　马健　摄

郑州商代遗址

郑州商城维修与保护

作为中国早期文明史和世界早期文明史上为数不多的大型城市遗址，以老城墙为代表的郑州商代遗址，其巨大的历史文化价值为世人瞩目。

国家文物局一直十分关注郑州商代遗址及老城墙的保护工作。1961 年 3 月 4 日，郑州商代遗址被国务院公布为第一批全国重点文物保护单位，“十一五”期间郑州商代遗址被列入全国重点保护的 100 处大遗址。

1984 年，成立郑州市商城遗址保护管理所。

1993 年，先后对非法占压东、南城垣遗址本体和保护范围内的违章建筑进行了拆迁。

1995 年 9 月，由郑州市人民政府编制《郑州商代遗址保护规划》对商城进行保护，建成了 8 个绿化景区、城南路文化街和商都文化广场等。

2000 年，颁布《郑州商城遗址保护管理规定》。

2004 年，委托清华大学编制《郑州商代都城遗址总体保护规划》，2008 年上报国家文物局，并获得批准。为了使城墙本体的保护更加科学，又委托中国文化遗产研究院编制了《郑州商代都城城墙墙体保护方案》。在此基础上，为了彻底解决郑州商代遗址较大范围的保护问题，再次委托清华大学编制《郑州商代都城国家考古遗址公园建设规划》，并提出要以考古遗址公园建设为契机，带动周边40平方千米棚户区、都市村庄、仓储工厂区的地块改造，建设新商都组团，让商城真正成为郑州文化的一张亮丽名片，让周围群众切实分享文化遗产保护的成果。

2008年、2009年，经郑州市发改委批复，郑州市文物考古研究院、郑州商都遗址博物院项目立项。项目位于郑州商代都城遗址范围内，紧邻东、南城垣内侧，北至东大街、西至塔湾路，建筑内容主要包括郑州市商都遗址博物院、郑州市文物考古研究院和共享区域三大功能区。

2016年8月27日，商都历史文化区建设启动。商都历史文化区以全国重点文物保护单位郑州商城为核心，位于郑州市中心城区，规划范围为二七路、德化街、钱塘路、陇海东路、城东路、金水路围合区域，面积约6平方千米。重点规划范围为2.99平方千米，即顺城街以东、熊耳河以北、城东路以西、管城后街—城北路以南围合区域。

商都历史文化区，以商文化为特色，以文化产业为支撑，通过充分挖掘保护、展示利用，唤醒沉睡的历史文化元素，将其打造成为集历史、文化、创意、艺术、科技等元素于一体的世界商都文化创意旅游示范区、郑州市的“城市名片”和“城市会客厅”，主要规划业态涵盖文化创意、休闲旅游、历史博览、现代服务和生活服务。

商都历史文化区内项目主要有“两院”（郑州商都遗址博物院、郑州文物考古研究院）一期、“两院”二期，亳都古巷，开元寺·塔湾古街，夕阳楼和书院街5个片区改造。

郑州城隍庙

郑州城隍庙全称是郑州城隍灵佑侯庙，位于商城路东段路北，祭祀对象为城隍神纪信。始建于明洪武年间，距今约有 600 多年的历史，是市区内现存规模最大、保存最完整的明清古建筑群。2013 年 5 月，被国家文物局列为第七批全国文物保护单位。

自 20 世纪 80 年代后期，郑州城隍庙经过全面修整，逐渐恢复生机，通过举办戏剧表演、民间文艺活动、民间艺术绝活等各种民俗活动，成为充分展示民俗文化、民俗风情的窗口，保护了优秀的传统文化、历史文脉。

历史沿革

城隍庙自建庙以来，随着岁月的流逝，或倾圮，或坍塌，但历朝历代都重作修葺，使城隍庙能有幸保存至今。

始建于明洪武年间（1368—1398 年），为道教活动场所。

明弘治十四年（1501 年），郑州知州石纯粹重修城隍庙。

明嘉靖六年（1527 年），郑州知州刘汝锐重修城隍庙。

明隆庆四年（1570 年），郑州知州李时选重修城隍庙。

清康熙三十年（1691 年），对城隍庙大殿、拜厦和二门进行大规模维修，恢复其华丽壮观之原貌。

清康熙五十三年（1714 年），对戏楼进行全面维修，椽、柱、砖、瓦尽换新。清雍正六年（1728 年）腊月，重修进膳、侑善二司并金桩、神像。

清乾隆五年（1740 年），郑州知州张钺重修城隍庙。

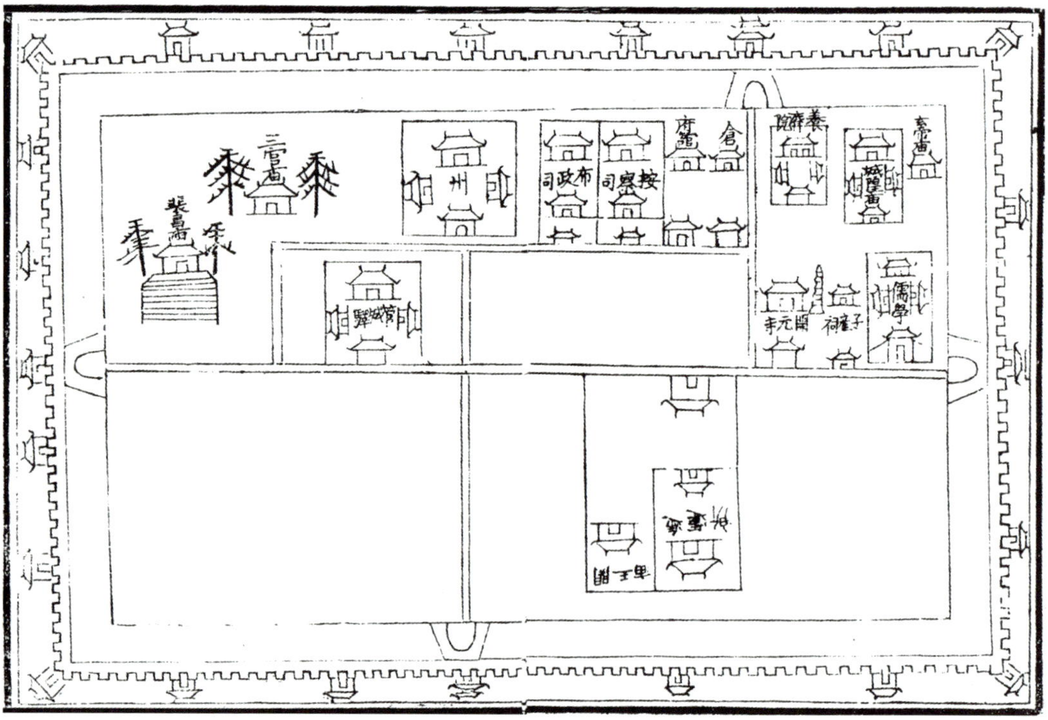

明嘉靖《郑州志·城池图》中的郑州城隍庙

清康熙《郑州志·城池图》中的郑州城隍庙

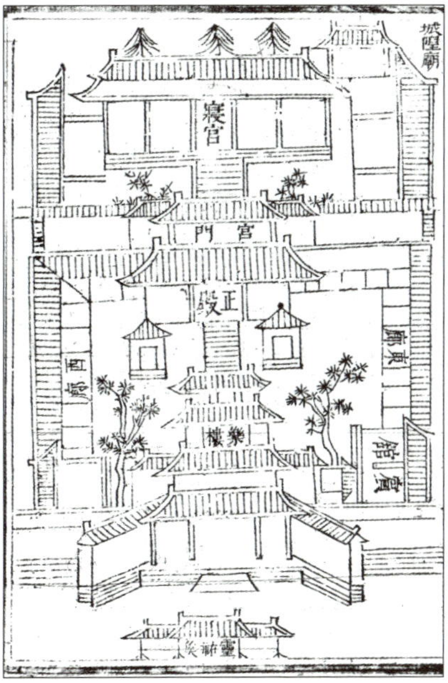

清康熙《郑州志》中的郑州城隍庙

清光绪二年（1876 年），对城隍庙戏楼进行大规模维修和油漆，镂刻楹联，使之焕然一新。

清光绪十六年（1890 年），郑州知州吴荣棨重修城隍庙。

民国五年（1916 年），国民革命军北伐军冯玉祥部第八混成旅步兵一营驻扎城隍庙，对山门、大殿、拜厦、后寝宫进行了大规模维修。

民国十年（1921 年），重修城隍庙大门。

民国十二年（1923 年），重修城隍庙拜厦。

1937 年，抗日战争爆发，郑州城隍庙由河南省立郑州工业学校（1953 年更名为郑州电力学校）使用。

历史典故

自唐代始，我国郡县多祭城隍，以求雨、祈晴、禳灾。明初正式规定了各府州县的城隍封号，并进行祭祀。据《郑县志》载：郑州城隍神就是在这个时候被敕封为“灵佑侯”的，此后，祭祀活动不断，直到民国期间仍有此风。祭祀时间为每年阴历七月十五，谓之

郑州城隍庙老照片

郑州城隍庙

"城隍出巡"。届时，人们填途塞巷，上下七八里间，地无寸隙。俗传阴历三月十八为城隍灵佑侯圣诞，故庙会最盛，至今仍沿袭此俗。

郑州城隍庙供奉的是汉代刘邦麾下大将纪信。汉高祖三年（公元前 204 年），项羽围刘邦于荥阳，危难之中，纪信冒充汉王，使刘邦得以逃走。《资治通鉴》记载："五月，将军纪信言于汉王曰：事急矣，臣请诳楚，王可以间出。"于是陈平夜出女子东门二千余人，楚因而四面击之。纪信乃乘王车，黄屋左纛，曰："食尽，汉王降楚。"楚皆呼万岁，出城东观，以故汉王得以数十骑出西门遁去……羽见纪信，问："汉王安在？"曰：已出去矣。"羽烧杀信"讲述的就是这个故事。

建筑艺术

据《郑县城及四关图》所示，郑州城隍庙东西宽 50 米，南北长 130 米，面积为 6500 平方米，现南北长 130 米，宽 30 米，占地 3900 平方米，整体布局与规格形制和衙署建筑很相近。

郑州城隍庙建筑物的排列采用传统的中心对称手法：主体建筑均位于中轴线上，东西两侧建筑物对称排列。中轴线上的主体建筑均建在高台之上，分别处于不同的平面，高低起伏、疏朗有致。建筑物上的琉璃瓦顶有孔雀蓝、孔雀绿，在阳光的照射下，显得金碧辉煌、绚丽多彩，充分显示了地方建筑手法的精美。庙内砖雕、木雕、彩塑、壁画，内涵丰富、寓意深长。

郑州城隍庙由山门、仪门、戏楼、大殿、后寝宫和前后院的东西厢房组成。

山　门

山门，又称大门，平面呈矩形，面阔三间，进深两间，东西长 11.75 米，南北宽 5.86 米，悬山式建筑，屋面覆以绿色琉璃瓦，檐下施七踩三昂斗拱，三幅云昂嘴，耍头呈象鼻状。斗拱后尾均平插垂莲柱，垂莲柱与上金枋相连，而柱的上端直承上金檩。明间前后立 4 根石檐柱，脊柱为木制通柱，周围用木柱，平面均呈小八角形。实榻大门三合，分别装在脊柱上，门前有六级扇形青石垂带踏跺，其左右立一对石狮。

仪　门

仪门，又称二门、过庭，距山门 10 米，平面呈矩形，东西长 11.09 米，南北宽 5 米，面阔 3 间，进深 2 间，硬山式建筑。屋面以灰瓦覆盖，正脊两端置有巨口龙形兽状鸱吻，

山门

造型生动，光彩夺目。中部置立体透雕的二龙戏珠和宝瓶，下有浮雕人物三组，中置神像，两侧各有一对追逐相斗的骑士，姿态各异，栩栩如生。垂脊上的装饰精巧秀丽，富有变化，其图案有龙飞凤舞、百花盛开，并配以海马、狎鱼和狮子滚绣球等。檐下置一斗二升斗拱。两山墙的檐下部分，砌筑有弧形墀头，墀头为精致砖雕，采用减地突雕手法，使图案花纹更有立体感。

戏　楼

戏楼，又称乐楼，是传统庙会中的戏曲演出场所。戏楼与仪门距 2.8 米，坐南向北，平面呈“凸”字形，东西长 11.09 米，南北宽 9 米，建在高大砖砌基台上，基台中央辟有洞门，面阔三间，进深两间，歇山式高台楼阁，楼高约 12 米。主楼居中，左右两侧配以歇山式边楼，上下错落，翼角重叠。主楼前后有抱厦，前抱厦为两根平面呈小八角形石柱支撑，石柱镌刻清雍正年间楹联：“传出幽明报应彰天道，演来生死轮回醒世人。”在砖砌台基上，周围配以透雕石栏杆和精致的槛窗，和高阁互相衬托，更加富丽堂皇。楼下室内方砖铺地，四根通柱高 7 米余。后抱厦为垂花门式，全楼 19 条屋脊纵横斜插。

戏楼　汤其昌　摄

屋顶均饰以蓝绿色琉璃瓦，正脊两端有鸱吻，中间置狮子宝瓶，脊两面饰浮雕行龙、彩凤、荷花等。主楼檐下施三踩斗拱，两侧边楼檐下置一斗二升加蚂蚱头斗拱，四角飞椽均悬挂风铃，风吹铃响，别有一番情趣。整个建筑精巧玲珑，造型别致，充分体现了中原地区古代建筑艺术的风格。

大 殿

戏楼向北 26.5 米是城隍庙主体建筑——大殿。大殿坐北面南，平面呈长方形，东西长 13.2 米，南北宽 10.7 米，面阔 3 间，进深 3 间，单檐歇山式建筑，四角飞檐挑起。屋面覆以绿色琉璃瓦，脊饰为黄绿花式琉璃。正脊两端设有身插宝剑的大鸱吻，正中立一雄狮，脊驮火焰宝瓶，两侧配以龙、凤、狮等脊兽。正脊两侧浮雕有行龙、舞凤、牡丹及人物故事等图案。垂脊、戗脊均饰有花卉卷草等纹饰，以及仙人走兽。檐下施重昂五踩斗拱，斗拱之间拱眼板上，绘制有八仙过海和二十四孝彩画。大殿前后明间均装有四扇六抹隔扇门和双交四椀菱花格眼槛窗。大殿室内方砖墁地。殿前砌有月台。大殿内有 2004 年按照民间工艺手法雕塑的城隍神像、神龛及六十花甲神像，存有明初郑州同知张大猷草书石碑《福赞》等碑刻 20 余通。

大殿

后寝宫

后寝宫由拜厦和寝殿组成，中间有地沟相隔，寝殿面阔5间，进深3间，悬山式建筑。殿前的拜厦，面阔五间，进深四架椽，卷棚顶。屋面均覆以绿色琉璃瓦，脊饰用黄绿花色琉璃瓦。寝殿正脊两端置有大型鸱吻，垂脊上装饰有石榴、花卉、仙人、走兽等图案。脊筒两面浮雕双龙戏珠、凤戏牡丹等。两山为宽厚的木质博风，并配以雕刻的悬鱼、惹草。前后檐下施三昂七踩斗拱，昂嘴和要头均呈象鼻状，斗拱后尾均平插垂莲柱。前后檐下的拱眼板上，塑有哪吒闹海、鲤鱼跳龙门、喜鹊登梅、凤戏牡丹、松鹤延年、龙虎相斗、玉兔捣药、狮子滚绣球等彩塑浮雕。殿前的明间、次间均装修有六抹隔扇门和双交四椀菱花格眼窗。

后寝宫

厢房　马文田　摄

厢　房

戏楼的东西两侧厢房现为豫剧艺术陈列展览，主要包括豫剧的历史渊源，豫剧的剧目、传播与影响，豫剧的行当、演员与流派，豫剧的乐队、乐师，豫剧的剧场与造型五个方面。该陈列获得河南省文博系统2000年年度优秀陈列。

维修与保护

1955年，郑州电力学校对城隍庙进行了局部维修，并作为教工宿舍使用。

1963年6月20日，郑州城隍庙被原河南省人民委员会公布为河南省重点文物保护单位。

1969—1979年，郑州电力学校停办，郑州城隍庙归郑州市无线电厂使用。

1982年6月，城隍庙原使用单位搬出，移交郑州市博物馆保护使用。

1983年4月至1984年11月，郑州市政府投资28万元对城隍庙进行了古建维修。

1994 年，郑州市政府拨款 25 万元修建了中院东西两座 2 层厢房和前院东西厢房，建筑面积 795.34 平方米。当年底更换了城隍庙院内全部地砖，修建了甬道，在戏楼和大殿之间摆放了十二生肖石雕。1994 年 12 月至 1995 年 4 月，郑州市商城遗址保护管理处在城隍庙大殿塑城隍（纪信）及文、武吏像，并绘制中国民间城隍壁画。

1995 年 4 月 17 日，郑州城隍庙正式对外开放。

2001 年 7 月，郑州市人民政府拨款 60 万元对城隍庙戏楼进行翻修和油漆彩画，对前后院东西厢房进行油漆彩画，十二生肖石雕移至后院，增加电路、音响、灯光等基础设施和夜景照明系统。

2004 年，郑州市政府拨款 200 余万元，对城隍庙中轴线建筑全部维修与油漆彩画，并对周边环境、交通、院内甬道、地坪进行全面整治，重塑大殿城隍神纪信雕像、赏善司、罚恶司和六十花甲神像，征集制作山门、仪门、大殿、拜厦楹联，将遗存石碑砌筑碑廊保护，对院内古榆重新围护，增加文化内涵。

2012 年，对城隍庙戏楼和东西厢房进行了整体维修。

城隍庙会之一　张卫星　摄

2018年年初，制订《郑州城隍庙古榆树维护方案》，启动病虫害防治工作，历时3个月，完成古榆树保护工作。

2019年7月18日，郑州城隍庙文物建筑维修保护工程开工。

城隍庙会

郑州城隍庙会分大型和小型两种，小型庙会指每月初一、十五香客进香，大型庙会是春节庙会和城隍诞辰庙会。

城隍庙会集祭祀、贸易、休闲、娱乐于一体。民国五年（1916年）《郑县志》载：“庙会最盛，自十五日起，士女答赛拈香，或奠献花果，或恭悬匾额，或割股披红，或枷锁伏罪，并有买卖赶趣，香茶细果，酒中所需。凡儿童玩物，例如彩妆傀儡、莲船战马、饧笙鼗鼓、枪刀剑戟、零碎戏具，在在成市。至一切耕具农器，尤属色色俱备。”

20世纪50年代以前，城隍庙会期间，地方组织演戏、玩社火等活动以娱城隍神灵。

城隍庙会之二

城隍庙会之三　张晓冬　摄

城隍庙会之四　汤其昌　摄

城隍庙会之五　丁友明　摄

三月十八俗传为"城隍灵佑侯圣诞"，庙会最盛。庙会期间，各种买卖兴隆，粮食茶果、农耕器具、儿童玩具等色色俱备。从会头到会尾，城内几条街人山人海，热闹非凡。

20 世纪 80 年代后期，郑州城隍庙经过全面修整，恢复了城隍塑像。随着城市文化产业开发市场的需要，在继承传统的民族文化基础上，沉寂了多年的郑州城隍庙庙会也恢复了，同时增添了更多的活动内容。曲艺演唱有：豫剧、曲剧、京剧、越调等，戏剧爱好者也可登台献艺，直接参与，气氛异常活跃。民间文艺活动有：盘鼓、腰鼓、高跷、唢呐、皮影、杂技、猴戏、斗鸡、杂耍等。民间艺术绝活有：剪纸、烙画、指画、绘画、吹糖人、捏面人、编绣球、梅花篆字、泥泥狗等，民间艺人还进行现场表演。

在文化庙会期间，除了戏曲表演、陈列展览、民间工艺表演之外，还综合运用了多种形式向群众介绍科学、历史、法律等各种文化知识，宣传党的方针政策和改革开放取得的丰硕成果。近年来举办的展览有中国汴绣、中国钧瓷精品展、中国汝瓷、郑州民间剪纸艺术展、河南省著名书画家作品展、河南省舞台美术家作品展、河南省女子书画展等。这些展览从不同角度、不同层面展示了郑州乃至河南日新月异的变化和开拓进取的精神风貌。

2003—2014 年，郑州市旅游部门与文化部门联手，在每年的正月初四至正月十六举办城隍庙民俗文化旅游节，打出"品民俗文化、逛传统庙会"的口号，庙会上有旱船、高跷、舞狮、变脸、魔术、猴戏、皮影戏、叶县霸王鞭、太康杂耍等。庙会上还有卖烙画的、捏泥人的、剪纸的、吹糖人的等，年年盛况不减，已成为郑州传统文化展示的新亮点。

近几年来，郑州城隍庙曾多次举办郑州城隍庙文化庙会活动，集中展示具有中原地区特色的民间文化艺术，如中原威风锣鼓、根雕艺术等。另外还有戏曲演唱、秧歌队表演、盘鼓队表演、唢呐演奏以及民间剪纸艺术、黄河澄泥砚、南阳烙商、淮阳泥泥狗等，应有尽有，为千年古庙增添了新的艺术魅力。

狮子舞

狮子舞的道具，主要就是狮子皮，用布、麻做成，头上挂铜铃，双脚和嘴都可以随意自由活动，形如敏捷威武的雄狮。演出时，由二人钻进狮子皮内，一人持头，一人在后扮狮身狮尾。再有一人扮成武士，手拿绣球。在大鼓、大镲等乐器声中，武士登场挥舞绣球，用武术中的拳术或翻跟头率先出场，将狮子引出，有时两个狮子同时出场，表

狮子舞　马健　摄

演内容多种多样。在模仿动作上，有舐毛、擦脚、搔头、洗耳、朝拜、翻滚等动作；在技巧上，有上楼台、过天桥、跨三山、出洞、下山、滚球、吐球和采青等。狮子是人们心中吉祥的化身，寄托着消灾除害、吉祥如意的愿望，因此每逢城隍庙庙会都要舞狮子。狮舞分文、武两类。文狮表演抢球、戏球、打滚、舐毛、搔痒、洗耳等风趣动作；武狮表演爬高、踩球、过跷板、走梅花桩等高难度动作。在腾、闪、跃、扑、翻、滚等动作中，能变化出许多高难度技巧，如“狮子出洞”“狮子踩球”“猛狮下山”“二狮抢球”“高台饮水”“过天桥”“跳涧”等。

拉洋片

拉洋片的道具是一个约 2 米高、1 米宽，形如碗橱的大木柜，柜的下半部正面开两个圆洞，洞内装有凸透镜，橱柜顶上安有锣、鼓、镲，由一条小绳控制，艺人一拉小绳，锣、鼓、镲就发出“咚咚锵”的声音并有节奏地敲打起来。橱柜内，上部装有图框和滑轮，通过绳索带动绘有各式内容的图片上下起降替换，观众透过装有凸透镜的圆孔观看柜内的图片。艺人站在橱柜侧面，一边控制乐器和图片，一边演唱与所放图片内容相关的唱词。

划旱船

旱船多用竹或秫秸扎成船形，围以纸或布，纹彩，系于表演者腰间或肩上，下端用表示波浪的蓝布遮住脚。旱船样式极多，工艺精湛，一般长 1.67 ~ 2.33 米，大的可至 3 米多。民间旱船，多扮成夫妻或父女，女的在船中，男的在船外，表现捕鱼、行船的水上生活。主要技巧在女子，配合船的起伏摆动做出高难动作，表现风浪漩涡等。类似旱船的还有跑驴、跑竹马，是将船形改为驴形、马形。跑驴多演农村小戏，如夫妻回娘家等，而跑竹马有时表演历史题材故事，如昭君出塞、关云长护送嫂嫂、赵匡胤千里送京娘等。近年来，跑旱船随着生活方式的改变，群众又将其进行了改革和创新，出现了“龙凤舟”，两只船同时舞蹈，其船头一龙一凤，金光耀眼，五彩缤纷。另有一种名为“老汉推车”的民间舞蹈，船变成了车，船下面的布围子上绘出两个车轮子，船后刺出两个把儿，老翁不用桨，而是双手握把儿作推车状，这是由“划旱船”发展演变而来的。

划旱船（跑驴） 丁友明 摄

碑　刻

郑州城隍庙现存碑刻中，明代碑刻 3 通，清代碑刻 10 通，民国碑刻 1 通，另外 1 通年代不详，因为历史原因，碑刻或有残断，碑文存在缺失，部分撰写者无法确认。但这些碑刻反映了郑州地区民众的信仰，具有重要的研究价值。

郑州城隍庙碑刻简表

序号	年代	名称	撰写
1	明代弘治元年（1488 年）	郑州节判石君去思之碑	不详
2	明代嘉靖三年（1524 年）	郑州太守刘公感神碑记	壬午科乡贡进士郑州儒学学正唐理
3	明代嘉靖四十四年（1565 年）	福赞	郑州同知张大猷
4	清代雍正六年（1728 年）	重修进膳侑膳二司并金桩神像碑记	不详
5	清代雍正十二年（1734 年）	城隍庙迎送銮驾碑记	儒学学正阴章
6	清代乾隆四年（1739 年）	大清国河南开封府郑州北口镇女会首建立城隍庙记	不详
7	清代乾隆四十五年（1780 年）	建修乐楼碑记	郡庠生宋学朱沭
8	清代嘉庆七年（1802 年）	州治灵佑侯寝宫（碑残缺）	不详
9	清代道光十一年（1831 年）	重修三圣堂二仙殿碑记	不详
10	清代道光二十年（1840 年）	西关南苍接送会碑记	增生赵清扬
11	清代咸丰二年（1852 年）	南冯保进香碑记	郑州生员罗井
12	民国五年（1916 年）	功德无量	清岁贡生海安澜
13	不详	修葺所固有也至（残碑）	不详

经济发展

城东路街道的经济在不同时期不同领域有着鲜明的特点，在郑州经济发展过程中做出了应有的贡献。20 世纪 80 年代，辖区在郑州市六大工业区之一的二里岗工业区范围内。这里曾经生产出我国第一台替代进口产品的电子吊秤，这里有获得过中华名吃的萧记烩面总店。21 世纪以来，由现代化楼宇发展起来的楼宇经济，逐渐成为辖区的经济支柱。

发展历程

1958年，街道办事处开始创办街道企业，并形成一定规模，截至1964年，街道工业企业发展至17个，商业网点15个。之后，一批规模较大的街办企业，被市、区两级政府收为地方国营和集体企业。

党的十一届三中全会以后，经济发展成为街道发展的中心工作，20世纪70—80年代，郑州皮鞋厂、郑州绿城纺织厂、郑州市三友鞋厂、郑州玻璃厂、郑州市第一木器厂等一批中小型企业，得以快速发展。

1988年，街道工业产值完成319.7万元，商业营业额完成290万元；1991年，办事处完成工业产值392.6万元，商业销售额达118万元；1996年，办事处工业产值达535.8万元，商业销售额达792.4万元。街道工业、商业呈现蓬勃发展状态。

1995年，萧记三鲜烩面美食城总店在辖区郑汴路开业；2000年，由郑州市饮食公司抽调豫菜精英开办的少林菜馆迁至辖区城东路；2002年，京福华餐饮有限公司总部在辖区城东路设立，辖区餐饮业得以发展。

辖区商圈

城东路街道 2009—2018 年生产总值及财政收入统计表

年份	生产总值 / 万元	固定资产投资 / 亿元	消费品零售额 / 亿元	财政收入 / 万元
2009	615007	3.82	8.22	5019
2010	735945	4.34	10.04	6532
2011	835500	6.75	11.69	7898
2012	103352	8.31	15.24	7350
2013	123648	12.01	17.39	8487
2014	154567	20.9	15.83	12052
2015	176737	9.41	16.36	10167
2016	202826	5.75	16.85	12105
2017	241024	9.68	18.59	12810
2018	305890	7.17	19.77	14785

20 世纪末，随着市场经济变化，街道企业由于资金薄弱、设备落后、科技含量低、管理水平差等因素，经济情况普遍下滑，这些企业有的被个人承包、有的被承租、有的倒闭。

21 世纪初，辖区部分企业原厂址被开发商收购开发，部分开发成现代化住宅小区，部分开发成办公楼宇。2003 年，华亿房地产公司、佳宜房地产公司、长城铝业公司等一批有实力的公司、纳税大户相继迁入辖区，为街道经济带来了新的增长源。2003 年，办事处完成税收 4500 万元。

至 2018 年，楼宇经济成为街道特色经济，辖区共有 16 栋办公楼宇，入驻企业 1654 家，楼宇税收全年完成 6500 万元。

至 2018 年，辖区生产总值为 30.59 亿元，固定资产投资为 7.17 亿元，社会消费品零售总额 19.77 亿元，财政收入 1.48 亿元。辖区内大型商场、中小型商业超市、餐饮名店及特色小吃店、各种专卖店分布在辖区主次干道两侧，楼宇企业发展良好，辖区呈现出繁荣景象。

招商引资

2005 年，完成招商引资 7800 万元，引进注册资金 50 万元以上公司和企业 35 家。

2006 年，完成招商引资 8000 万元，引进注册资金 50 万元以上公司和企业 40 家。

2007 年，完成招商引资 1.2 亿元，引进注册资金 50 万元以上公司和企业 55 家。

2008 年，完成招商引资 2.5 亿元，引进注册资金 50 万元以上公司和企业 75 家。

2009 年，完成招商引资 3.1 亿元，引进注册资金 50 万元以上公司和企业 38 家。

2010 年，完成招商引资 3.7 亿元，引进注册资金 50 万元以上公司和企业 55 家。

2011 年，完成招商引资 4 亿元，引进注册资金 50 万元以上公司和企业 69 家。

2012 年，完成招商引资 4.7 亿元，引进注册资金 50 万元以上公司和企业 82 家。

2013 年，完成招商引资 5.8 亿元，引进注册资金 50 万元以上公司和企业 51 家。

2014 年，完成招商引资 6 亿元，引进注册资金 50 万元以上公司和企业 39 家。

2015 年，完成招商引资 5 亿元，引进注册资金 50 万元以上公司和企业 61 家。

2016 年，完成招商引资 6.82 亿元，引进注册资金 50 万元以上公司和企业 88 家。

2017 年，完成招商引资 9.23 亿元，引进注册资金 50 万元以上公司和企业 152 家。

2018 年，完成招商引资 11.6 亿元，引进注册资金 50 万元以上公司和企业 185 家。

街办企业

1958 年，街道开始办工厂、开商店。到 1964 年，街道工业企业 17 个，商业网点 15 个。街办企业中形成一定的规模的、陆续被吸纳为地方国营企业或集体企业。被吸纳的街办企业有：郑州市蜡纸厂、郑州市机构修造厂、郑州市第六服装厂、向阳制药厂、郑州市新豫印刷厂、郑州市味精厂、郑州市红旗鞋厂、郑州市塑料五厂等。

1965—1976 年，办事处先后创办了 20 余个街办企业。1976 年，办事处将部分较大企业上交区工业科，成为区属企业。

1978 年，办事处投资 3 万元在城东路两侧建起一座上下两层，建筑面积 90 多平方米的小楼，招收 30 多名辖区居民、待业青年，他们自带缝纫机，由此办起东关缝纫厂，生产儿童服装。1983 年，东关缝纫厂开始生产汽车坐垫，厂名更为“城东路汽车坐垫厂”。

1982 年，办事处新成立被服厂、挂面厂和建筑维修队，开办东关新风百货商店。建筑维修队成立 11 个月盈利 3.5 万元，东关新风百货商店实行经济承包责任制，采取扩大购销、薄利多销的经营方式，提前 3 个月完成全年营业额和盈利任务。

1984 年，办事处投资扩建了 1980 年成立的北大青年商店，是年该店营业收入 15 万元，利润达 8000 元。该店因经常为辖区居民做好事，多次被评为学雷锋先进单位、三八红旗小店等。

1988 年，办事处创办水松纸厂，产值 60 万元，利润 25.3 万元；创办橡胶厂，产值 40 万元；创办中汇分司，营业额 20 万元。是年，办事处对更生旅社、卫生院、东方商场、光明服装厂等几个企业进行整顿，将 34 家街办工商业厂店实行生产经营承包责任制。同时发展居委会经济，全年辖区居委会经济实现利润 4445.64 元。

1989 年，办事处对有发展前景的家乐用品厂等企业给予支持，对经营管理不善的拖把厂、工艺品商店等采取关停并转措施。是年，办事处完成工业产值 327.8 万元，商业营业额完成 156 万元，工商业总利润额为 31.5 万元，居委会经济完成 6.35 万元。

1991 年，办事处新建 3 家企业：永昌教学仪器用品厂、装饰材料厂和疑难杂症门诊部。

1992 年 3 月，办事处和甘谷油墨厂联办郑州市甘谷油墨站，成为当时我省唯一的一家油墨供应站，自开业到当年 11 月底，8 个月销售额达 320 万元，实现利润 20 万元。

是年，办事处投资 60 万元创办郑州市复合包装材料厂，生产一种高档印刷材料，这种材料适用于书刊、商标、彩照、礼品和酒类等高档包装封面印刷。

商城印制版厂实行全员风险抵押目标承包后，扭亏为盈；对经营情况差的油漆厂、汽车坐垫厂，办事处进行清户核资后实行承包租赁。

水松纸厂经过生产技术改进、设备更新，产品类型由明花水松纸改为暗花水松纸和金丝水松纸后，成为郑州烟厂、安阳烟厂、临汝烟厂的供货企业。

康复电热毯厂生产的电热毯由棉布面料改为无纺布面料，投资市场后，受到用户欢迎，销售额增加。

1993 年，办事处关停水松纸厂，投资 14 万元新建塑料制品厂，投资 25 万元对郑州市复合包装材料厂进行拆迁整修。是年，办事处完成工业产值 546.1 万元，工业利润 39.62 万元；商业营业额 232 万元，商业利润 20.36 万元；居委会收入 8.5 万元。

1997 年，因紫荆山路拓宽工程，办事处近 10 家工商企业被拆除。办事处采取稳定油墨站、中药材站等骨干企业，对羊剪绒厂、制版厂进行整顿，通过扩大生产、销售规模等，弥补被拆除的工商业网点损失。是年，办事处完成工业总产值535.8万元，商业营业额792.4万元。

1998年至2000年，随着市场经济的变化，城东路办事处的街道企业由于资金薄弱、设备落后、管理水平差、产品的科技含量低等因素，陆续停业。办事处下属的商业网点也随着旧城改造、道路拓宽等多数被拆除。

工业企业

十一届三中全会后，郑州市对1954年形成的郑州市城市总体规划进行修订和补充；1984年1月，国务院批准新的郑州市城市总体规划。郑州市根据新规划开始调整工业布局。到1990年，郑州工业形成基本合理的工业布局，工业企业的建设基本上框定在棉纺路工业区、南阳路工业区、华山路工业区、二里岗工业区等六大工业区。

二里岗工业区位于郑州市区东南部，在紫荆山路以东、东明路以西、金水路以南、航海路以北。包括城东路、陇海东路附近区域。主要以机械工业为主，兼有化工、食品、纺织等行业。

作为二里岗工业区的一部分，二十世纪八九十年代，城东路街道辖区内建设了一大批中小型工业企业。

郑州恒科实业有限公司

郑州恒科实业有限公司位于郑汴路45号，原名为中国物资储运总公司郑州电子秤厂。

1984年，在中国物资储运公司二里岗仓库工作的徐平均，提出了研制电子秤的设想并开始研制和试验。是年3月，国内首台10吨ORS电容式电子吊秤在郑州储运公司二里岗仓库研制成功。

1985年，来自全国各地的50余名专家、教授和技术权威们，聚集在郑州物资储运仓库，观看徐平均研制的电子秤现场操作。当空中一个巨大的吊钩吊起10吨位的标准砝码时，计算机立即显示出正确的读数来，徐平均按下印键，计算机立即打出称重时间和物件重量等信息。同年12月，由国家物资局科教司组织，国家计量科学研究院、中国科学院计算所、河南省计量测试研究所、河南省计量局等单位对徐平均研制的ORS电容式电子吊秤进行部级鉴定，结论是：“精度达到5000d（d=kg）的国际三级商用秤标准，属国内首创，国外未见类似产品报道。”并批准批量生产。

1986年，电子吊秤生产出60台，经上海、四川等地仓库、码头使用，受到普遍欢迎。

1987年3月，因徐平均这项发明建立了郑州电子秤厂，随后这种高精度电子秤进入了系列生产，1～20吨级6个系列产品畅销全国30个省、市、自治区，并出口到苏联。

1988年3月3日，中华人民共和国专利局颁发了电容式电子吊秤发明专利证书。

郑州恒科实业有限公司《郑州年鉴·1999》

1989年7月，ORS系列电容式电子吊秤获得首届北京国际博览会金奖；11月，郑州电子秤厂通过了由中国衡器协会组织的衡器行业生产技术条件考核，该厂研制的8种规格产品取得了生产许可证。

1990年6月13日，由国家物资部投资800万元在郑汴路建立的郑州电子秤厂新厂奠基。12月，铁道部中铁物资总公司在上海公司召开了“电子秤使用管理现场交流会”。与会代表实地观看了ORS电子秤与美国MSI电子秤的对比试验，一致认为ORS电子秤功能及性能均优于国内外其他同类产品。中铁总公司正式将ORS产品定为铁路部门的标准称重设备和优先选用设备。

1991年3月，ORS 5t、10t、15t、20t、30t吊秤被原轻工业部列为替代进口产品。4月，ORS系列电容式电子吊秤荣获第二届北京国际博览会金奖。7月1日，郑州电子秤厂新厂落成并迁址办公。是年，郑州电子秤厂职工不足百人，实现产值2402万元，税利850万元，人均年创税利3万元，产品销售收入1932万元。

1996年，公司建立完善的质量保体系，通过ISO 9001质量体系认证。

1998年4月，郑州电子秤厂进入“中储股份”，郑州恒科实业有限公司成立。

1999年，郑州恒科实业有限公司在郑州经济技术开发区投资建设的生产基地建成投产。

2007年12月25日，郑州恒科实业有限公司全厂迁址郑州经济技术开发区新厂区办公经营。

至2018年，公司发展成为由上市公司中储股份控股，专业从事工业衡器、公路衡器、物联网应用、工业自动化控制系统、数字化仓库系统等产品研发、生产、销售的高科技企业。郑州恒科实业有限公司参与起草了电子吊秤国家标准GB/T 11883—2002和动态车辆自动衡器国家标准GB/T 21296—2007，拥有一个省级企业技术中心和一个省级衡器实验室，自成立以来一直是中国衡器协会副理事长单位。

郑州玻璃厂

郑州解放后，在政府扶持下，手工业得以恢复和发展，郑州市日用玻璃行业的个体手工业者，成立4个生产合作组。1956年1月，这4个合作组联合成立了郑州玻璃生产合作社，有职工105人。联合后不久因产品不同，加之生产场地分散难以管理，遂又按产品类型划分，分别成立了郑州建新镜框社、群力制镜社和吹玻璃瓶社，各自独立经营。

郑州玻璃厂《郑州年鉴·1986》

郑州吹玻璃瓶社由管城区投资，在郑州东关外的熊耳河畔重建新厂。建厂之初，没有正式厂房，仅有两个大席棚作为生产车间兼办公。设备简陋，只有一个西风炉、一个五缸圆炉和一个风箱。制瓶工具是手工业作坊传统使用的尖嘴钳、挑料杆、吹竿、对锤、大锅铁勺等。固定资产仅1万元，职工241人。产品有煤油灯罩、马灯罩、药瓶、墨水瓶、浆糊瓶、眼药水瓶、十滴水瓶、酒瓶、玻璃管等9种，年产量约6万公斤。

1958年，郑州吹玻璃瓶社更名为郑州玻璃器皿合作工厂。同年10月，经上级批准转为地方国营，定名为郑州玻璃厂。

1965年，郑州玻璃厂日用玻璃产量达

203.5万公斤，产值122万元，实现利润7.2万元。

1983年，郑州玻璃厂进行技术改造，采取全保温技术，窑炉由18.9平方米扩大到26平方米，平板玻璃生产能力达到年产10万标箱。

1984年，国家投资3286万元为郑州玻璃厂建成年产3750万公斤的啤酒瓶生产线。

“六五”期间，为适应酿酒工业和饮料工业的快速发展，郑州玻璃厂调整产品结构，把生产酒类瓶和饮料瓶作为主导产品，并向系列化方向发展，先后试制成功啤酒瓶、750毫升高颈葡萄酒瓶、汽水瓶和可口可乐瓶。

1985年，在河南玻璃行业质量评比中，郑州玻璃厂生产的550毫升白酒瓶获同类产品第一名，被评为省优产品；啤酒瓶、葡萄酒瓶获第二名。

1988年，该厂固定资产3111万元。

1989—1990年，日用玻璃工业受原材料、燃料价格上涨及产品结构不合理等因素影响，成本上升，效益下降。郑州玻璃厂开始亏损。

20世纪90年代中后期，郑州玻璃厂由于市场及经营管理等因素，逐步由盛到衰，1997年，该厂被白鸽集团收购。

2002年，该厂原厂址建成康桥花园小区。

郑州绿城纺织厂

郑州绿城纺织厂位于城东路107号，原名麻纺厂，占地49000平方米，隶属郑州市纺织工业局，是河南最早的黄麻纺织厂，属中型一类国有企业。

20世纪初，郑州是中原地区的棉花集散地，麻绳业十分兴旺。1914年有恒祥公等8家专业户，生产用来打包和缝包的优质麻绳。1923—1929年，麻绳业发展较快，有玉兴成等16家，年产量约15余万公斤。1936年有36家，从业人数180人；1948年有42家，从业人数约1100人。

1954年，组成3个手工制绳生产合作组，此后发展到29户并组成制绳合作社。1956年1月转为高级社，即郑州市制绳手工业生产合作社，主要产品仍是麻绳。1958年3月，制绳社改为麻纺织合作工厂。

20世纪60年代初期，职工自筹资金，添置部分麻袋生产设备，自1964年5月起，开始批量生产麻袋，当年生产6.4万条，1968年麻袋年生产能力达150万条。

1970 年 1 月 1 日，转为全民所有制企业，定名为郑州麻纺织厂，成为河南省第一座麻纺织厂。1974 年，麻袋生产纳入外贸计划，开始出口。

1975 年初，郑州麻纺织厂在城东路中段征地 12.7 亩用于迁厂扩建，1979 年竣工。新增黄麻织机 32 台，年产麻袋 400 万条。

1980 年 3 月，征地 52.8 亩，进行易地扩建，1981 年 10 月竣工，1982 年 2 月完成老厂设备搬迁。全厂麻袋织机 60 台，宽幅麻布织机 16 台，全部投入运转，年产麻袋 400 万条、麻布 70 万米，产品 85% 以上用于出口。

1983 年，该厂开始研制地毯，生产的变性洋麻手工编结地毯在 1984 年获国家经济贸易委员会颁发的“金龙奖”和省科技进步奖。

1986 年 10 月至 1988 年 10 月，该厂先后引进阿克明斯地毯机、地毯缝边机、上胶机、绕纱机、打花版机、绒地毯机、摩擦纺纱机等 10 台具有当代先进水平的地毯设备。

1988 年 10 月，更名为郑州绿城纺织厂，固定资产原值 1840 万元。

1990 年，该厂固定资产原值 1843.5 万元，净值 1607.7 万元，职工 1262 人，产值 413 万元。

90 年代后期，郑州绿城纺织厂经营情况下滑，1994 年破产。

2002 年，该厂原厂址建成远征花园住宅小区。

郑州铝箔纸厂

郑州铝箔纸厂位于城东路 78 号，1980 年以前为郑州玻璃钢厂，最早建厂时间为 1961 年，原属郑州市第一轻工业局，为国有企业。

1985 年，该厂生产的三环牌真空镀铝纸在全省同类产品评比中名列第一。

1988 年，该厂占地面积 2.4 万平方米，固定资产 610 万元，工业总产值 1916.7 万元，实现利润 132 万元。主要产品为真空镀铝卷烟包装纸，年生产能力 200 万公斤，销往全国 10 多个省市。

1990 年，该厂固定资产原值 703.8 万元，工业总产值 836 万元，主要产品产量为铝箔纸 57.7 万公斤。

20 世纪 90 年代中期，该厂由于生产经营情况不佳，郑州市百货大楼将其兼并。随后，郑州市百货大楼在郑州铝箔纸厂原址上建成家属院和东方实业有限公司。

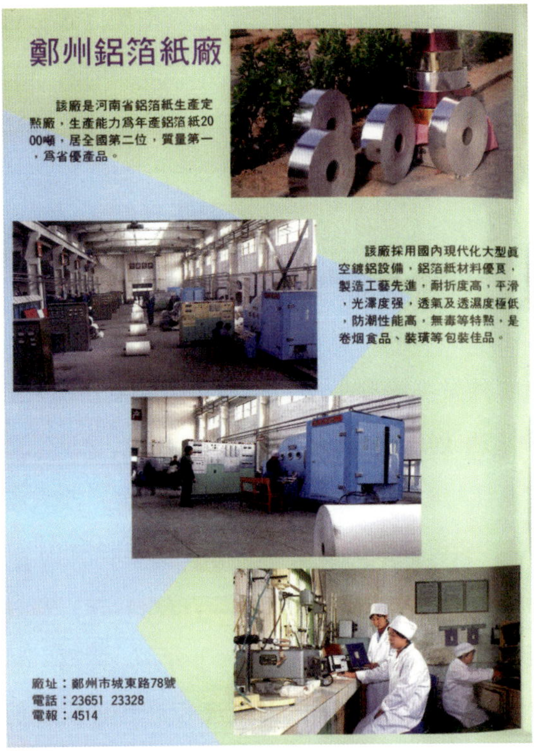

郑州铝箔纸厂《郑州年鉴·1987》

郑州皮鞋厂

郑州皮鞋厂位于城东路 94 号，始建于 1952 年，原属郑州市第二经工业局，为国家中型二类企业。

1952 年 10 月，由 18 名工人组成胜利制鞋生产合作社，是郑州市唯一生产皮鞋的企业，有家用缝纫机 4 台，手工制作。

1956 年 1 月，全市制鞋行业建大社，生产皮鞋、布鞋，另有绱鞋、擦皮鞋、修补鞋等服务项目；7 月，将绱鞋等 168 人分出设服务点或互助组。1956 年，制鞋社产值达 63 万元。

1957 年，制鞋社开始向国外出口皮鞋。

1958 年，制鞋社转为地方国营，更名为郑州皮鞋厂。

1961 年 11 月，郑州皮鞋厂将布鞋车间划归三友鞋厂，至此，郑州皮鞋厂成为专业皮鞋厂，位列河南省十家皮鞋厂之首。

1963年，高档皮鞋出现积压，出口皮鞋利微，造成该厂亏损。为适应市场需求，该厂开始生产三眼轮胎底皮鞋、纺织工人穿的弹性底轻便皮鞋以及皮棉鞋等产品，销量大增，扭亏为盈。

1965年5月，该厂重新接受出口皮鞋任务。

十一届三中全会后，郑州皮鞋厂改分配制度为个人计件工资和集体超额计件工资，恢复奖金奖励，并改善生产管理，开拓外加工点，使内销皮鞋产量成倍增长，出口皮鞋供不应求。该厂生产的“黄河牌”皮鞋畅销河南、河北、山西、陕西等省，同时还出口苏联、加拿大、美国等国家。1978年，该厂被河南省外贸系统列为出口免检单位，其产品120型女真包底皮鞋被评为省优产品。1979年，该厂年创外汇33万美元。

1983年，该厂实行设计人员进车间，使设计与经济效益挂钩、与生产结合，改大批量为多品种、小批量，改大流水为封闭性车间，从设计到成品不出车间，全年研制91种新花品产品，新产品的产值、产量占全年总产值、产量的1/3，而利润却占总利润的2/3。

1985年，该厂全年盈利186万元，成为历史最好年份。

1990年，该厂固定资产原值780万元，固定资产净值509万元，年生产各种皮鞋能力30万双，全年工业总产值411万元，是河南省较大的皮鞋生产厂家。

20世纪90年代中后期，由于市场、经营等因素，郑州皮鞋厂连年夸损，1999年，企业破产。

2001年，原厂址建成华亿世纪之星住宅小区。

郑州市毛巾床单厂

郑州市毛巾床单厂位于货站北街19号，创建于1952年，属中型国营企业。

1988年，该厂占地面积约5万平方米，固定资产736万元，职工1200人，工程技术人员117人，工业总产值1000万余元，实现利润91.97万元，创汇178万美元。主要产品有毛巾、毛巾被、床单。产品远销苏联、日本、加拿大、美国、法国、英国、新加坡、斯里兰卡等国家。特别是该厂生产的提花浴巾、割绒浴巾成为出口拳头产品；是年，提花浴巾、腈纶提花枕巾、全棉提花毛巾被评为省优产品；提花毛巾被被评为部优产品。

20世纪90年代中后期，由于市场和经营等原因，该厂连年亏损。1996年依法破产，由河南省志诚发展公司整体收购。

郑州塑料五厂

郑州塑料五厂位于商城路 6 号，始建于 1958 年，厂区占地面积 10.3 亩，建筑面积 5887 平方米。主要产品有建筑排水用管材、管件，农用排灌、人畜防病改水管材，地埋软管及配套出水口、耐油管、增加软管，电缆粒料以及 PE、PVC、PP 等各种材料的注射产品。

1984 年，该厂研制的汽车地板条获河南省优秀产品奖。

1986 年，该厂引进意大利型材、管材生产线，是郑州市引进的第一条塑料管材生产线，生产聚氯乙烯管材、管件，畅销 12 个省、市、自治区。

90 年代后期，随着可替代塑料制品的新型能源兴起，郑州塑料五厂逐步由胜到衰，直至停业。

2009 年，原厂址建成居民住宅小区。

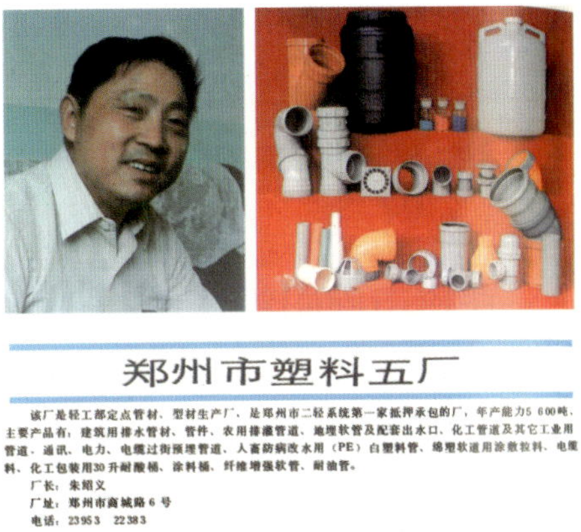

郑州市塑料五厂

该厂是轻工部定点管材、型材生产厂，是郑州市二轻系统第一家抵押承包的厂，年产能力5 600吨，主要产品有：建筑用排水管材、管件、农用排灌管道、地埋软管及配套出水口、化工管道及其它工业用管道，通讯、电力、电缆过街预埋管道、人畜防病改水用（PE）白塑料管、编塑软道用涂敷粒料、电缆料、化工包装用30升耐酸桶、涂料桶、纤维增强软管、耐油管。

厂长：朱绍义

厂址：郑州市商城路 6 号

电话：23953　22383

郑州塑料五厂《郑州年鉴·1987》

郑州塑料八厂

郑州塑料八厂位于城东路 135 号，始建于 1958 年，是一个生产塑料品的小型集体企业。厂区占地面积 5000 平方米，主要产品有撕裂膜、小膜、彩印、塑料绳、兼单丝、聚乙烯和聚丙烯共挤膜、膜裂纤维及各种规模的包装袋，共计 9 大类 100 多个花色品种。2002 年，该厂破产，随后原厂址被开发成商品房小区。

郑州市无线电原件厂

郑州市无线电原件厂位于塔湾路 49 号，创建于 1965 年，1979 年转为区属企业，占地面积 7148 平方米。主要产品有电视天线和变压器。

1986 年，该厂投资 70 万元建 2100 平方米生产大楼一座，其中生产车间为 400 平方米。

1987年，该厂生产的中州牌变压器被评为省优质产品，震荡中州牌变压器被工业部评为二等奖。

1990年，该厂工业总产值为146万元，利润13万元。

20世纪90年代中后期，由于市场、生产经营等因素，该厂关停。

2017年，因商都历史文化区建设，该厂被拆除。

郑州市向阳织袜厂

郑州市向阳织袜厂位于城东路96号，建于1976年，属集体企业，占地面积4950平方米。主要产品为袜子。1986年，该厂生产的锦纶弹力丝袜通过市级技术鉴定，荣获郑州市百花奖。1994年，该厂被管城回族区东城乡征购，原厂址建成商务大楼。

郑州市市政实业有限公司第二维护公司

郑州市市政实业有限公司第二维护公司位于塔湾路48号，原名郑州市政工程管养二所，曾隶属于郑州市政工程管理处。2003年，郑州市市政工程管理处改制为郑州市市政实业有限公司，管养二所更名为郑州市市政实业有限公司第二维护公司。该公司主要负责市内道路路面、人行道板、下水管道等市政设施的维修、养护和管理。

楼宇经济

2008年，辖区有华亿大厦、远征大厦、大河商务、银河大厦、茂祥大厦、汉博大厦等6栋商务楼，入驻企业173家，入驻率80%，其中有3栋入驻率达到90%。

2009年，辖区有待租商务楼面积14万平方米，其中新建的裕鸿国际商务楼和长城康桥商务楼共有13.5万平方米。办事处抽调工作人员定期对辖区商务楼的入驻企业进行统计，掌握企业变动情况；对待租的房屋建立台账，为企业牵线搭桥，提升商务楼的入驻率及商铺的出租率。

2011年，8栋商务楼新入驻企业192家，入驻企业总数达到1161家，入驻率达到90%。其中裕鸿国际商务楼入驻企业473家，入驻率达83%；长城康桥商务楼入驻企业

楼宇经济——裕鸿国际　马健　摄

141 家，入驻率达 98%。

2012 年，办事处抽调专职人员对辖区 8 栋商务楼进行清查，清查 770 户，发现异地经营户（在此经营未注册）53 户，经过多方努力，变更注册地为辖区的有 49 户，产生税收 210 万元。

2014 年，辖区新增建商务楼项目 3 个：郑汴商业中心、富国御玺大厦、正商向阳广场。

2016 年，辖区有商务楼宇 16 栋，入驻企业 1030 家，楼宇入驻率达 98%，注册率达 95%，全年完成楼宇税收 5050 万元。办事处以“楼宇社区服务 360”工作理念为载体，实现了“服务对象全覆盖、服务内容全方位、服务保障全天候”的精准服务。

2018 年，辖区有商务楼宇 16 栋，入驻企业 1654 家，楼宇入驻率达 97.3%，注册率达 95.28%，全年完成楼宇税收 6500 万元。成立楼宇非公企业组织 12 家，成立楼宇企业联盟组织 2 个。

办事处聘请专业人员建立商务社工服务团队、楼宇企业志愿者服务团队，打造“智慧城东企业服务云平台”，建立商务楼宇企业数据库，实现楼宇企业信息的动态数字化管理。街道楼宇服务从企业需求出发，通过多方调研，根据企业及企业员工需求定制项目化活动，形成“红色先锋”“企心行动”“利达沙龙”“精英成长学院”等活动机制。

楼宇经济——绿都广场 马健 摄

楼宇经济——正商向阳广场 马健 摄

商贸服务业

市 场

1992年，办事处学习西安经验，开始对辖区内的自发市场进行管理。5月成立市场科后，经上级有关部门审核批准，办事处在辖区内设13个摊群。半年内，办事处收到183份摊位申请，年底投入经营的有120个摊位。

1993年，办事处开始自办市场，规范原有的摊群和加强对自发市场的管理。

1996年，随着郑州市城市管理力度的加大以及城市建设的发展，办事处开办的市场逐渐消失。

皮鞋市场 1993年，办事处封闭改造东关北里排污明沟，建成皮鞋市场。1994年，办事处对皮鞋市场进行扩建，扩展至城东路两侧，时有200多个摊位，日销售皮鞋上千双。1997年随着市场的变化，皮鞋市场的经营状况日趋下滑。2001年，办事处为建设社区的需要，将皮鞋市场城东路路西区域拆除，建成商城花园社区活动中心，城东路路东区域改建成餐饮夜市。

管城街、商城路餐饮一条街 1993年，办事处在管城街和商城路北侧硝滩小区临街地段开办餐饮一条街，时有摊位50多个，主要经营清真小吃及清真酱卤菜（烧鸡、酱牛肉等）。1995年，郑州市取消占道经营，餐饮一条街随之被取消。

商城东路菜市场 1990年，商城东路自发形成菜市场，办事处城管科负责对该市场进行管理。1992年，办事处成立市场科，该市场移交市场科管理。1996年，郑州市对商城东路进行拓宽改造，商城东路菜市场迁往塔湾路，随后该市场因占道经营被取消。

向阳街菜市场 1992年，向阳街自发形成菜市场，由东城乡管理；1994年，东城乡将该市场交给城东路办事处管理；1996年，该菜市场因占道被取消。

主事胡同菜市场 1991年，东大街路南、主事胡同出口处形成菜市场，办事处市场科对其进行管理；1996年，该菜市场因占道被取消。

硝滩菜市场 1992年，硝滩后街形成菜市场；1994年，办事处投资搭棚建摊位，将硝滩菜市场建成规范的菜市场；1995年，该菜市场因占道被取消。

紫荆山路综合市场 1996年，办事处在硝滩居民区西侧原紫荆山路两侧建成大型综

新世界百货

合性市场，南北长400余米，商铺房约200余间；1997年，郑州市紫荆山路实施拓宽工程，该市场被拆除。

东大街服装市场 1992年，经上级有关部门审批，办事处市场在东大街与城东路连接的路北侧建成东大街服装市场，时有摊位近百个。1995年，该市场因占道被取消。

商 场

新世界百货 新世界百货郑州店位于紫荆山路商城路交叉口东北角，楼高四层，总面积约35500平方米，2011年4月开业，定位为流行时尚百货，主要消费客群为20 ~ 40岁人群。商场有化妆品、珠宝、服装、鞋包、数码产品等产品，还有餐饮服务、儿童游乐、电影院、运动休闲、主题街区等休闲娱乐场所，体验式消费业态占到了百分之六十左右。2018年11月，新世界百货引进集团主题文创街区，打造成适合年轻消费者和亲子娱乐的消费场所。

新世界百货　马健　摄

餐饮业

郑州市萧记面食有限公司

1986年，肖存兴、肖存国在人民路与东太康路交会处的西南角租赁8平方米大棚开办萧记三鲜烩面馆。萧记烩面刚开张时，连门店都没有，从一张帆布篷、一张矮桌、一条板凳、一锅汤起家。

1988年，萧记三鲜烩面扩建为60平方米，在销售烩面同时经营豫菜。

1995年，萧记三鲜烩面美食城在郑汴路28号开业，成为萧记三鲜烩面美食城总店。

2000年8月，在全国第二届“中华名吃”评选活动中，萧记三鲜烩面美食城的“萧记三鲜烩面”“萧记羊肉灌汤包”“酸辣广肚”“大葱烧海参”“金珠凤尾虾”“肉丝带底”“月牙素水饺”等10个品种获“中华名吃”称号。

2001年，萧记三鲜烩面美食城被中国烹饪协会授牌“中华餐饮名吃店”。

2002年，萧记三鲜烩面美食城被评为国家首批诚信单位，省特级店，省质量满意、服务放心单位，郑州市非公有制先进单位。9月，在河南省第三届烹饪大赛中，“萧记清真风味宴”获“金奖名宴”称号。

2003年，萧记面食有限公司成立。

2004年，萧记面食有限公司成为一个拥有固定资产近2000万元，在郑州市拥有8家分店、省内有2个加盟店，总营业面积1万多平方米，年纳税额500万元的大型餐饮企业。是年，萧记三鲜烩面美食城被河南慈善总会授予“热心慈善事业爱心企业”称号。

2010年，萧记烩面代表河南餐饮参加上海世博会，并荣获“服务世博名特菜点”称号。

2013年，萧记烩面在首届中国面条文化节上被评为“中国十大名面条”。

自2015年起，萧记响应政府号召，发起“烩面节”，节日当天对进店所有顾客实行烩面免费的政策。

至2018年，萧记面食有限公司成为郑州市拥有12家直营店，省内周边城市10余家加盟店，总营业面积3万多平方米的大型餐饮企业。在企业发展的同时，萧记面食有限公司具有较强的社会责任感，累计捐助善款达千万元，安排就业岗位3万多个，累计上交税金数亿元。

萧记烩面 马健 摄

民俗风情

民俗，是人类在自己的生存环境中创造的，随着社会的发展，逐渐形成的一种民间共识的生活习俗，并逐渐形成一种地域文化，具有社会性、传承性、民族性、地域性和变异性。中国是一个历史悠久、疆域辽阔、民族众多的国家，民俗文化极为丰富，城东路街道集中代表了郑州老城区绚丽多彩的传统民俗文化和民间艺术。

LOCAL RECORDS OF CHENGDONGLU

礼仪风俗

婚嫁礼俗

提　亲　辖区青年男女在经历过一段时间的接触后，如果两情相悦，就会有谈婚论嫁的想法。男方由媒人领着去女方家中商议是否有结婚意愿，如果得到许可，需要问清楚女方的属相、生辰八字，为订婚做准备。提亲时男方要注重仪容仪表，以达到第一次见面给女方父母留下好印象的目的，当然礼物也是不能少的。

定　亲　定亲仪式日子大多选在双月双日。一般是双方父母见面，商谈一下孩子结婚的大概时间及一些具体事宜，同时男方父母送给准儿媳红包和一些衣物，亲事就算定下了。

“看好儿”“送好儿”　“看好儿”就是选定结婚的好日子。吉日选定后，男方把选定的吉日写在红纸条上，男方一位长辈送到女方家里（“送好儿”），同时商议筹办婚庆典礼的具体事宜。“送好儿”时间上有讲究，一般是双月双日。

娶　亲　娶亲之日，男方准备酒宴，张灯结彩，剪“囍”字贴大门口，亲朋好友前来祝贺喝喜酒。婚前或结婚当天，亲戚朋友、街坊邻居大都前往送礼贺喜。过去亲戚多送钱或被面、衣料等。现在大多是结婚当天在酒店设礼桌收礼金。新郎、新娘在司仪的安排下，一拜天地，二拜高堂，夫妻对拜入洞房。20世纪90年代后，结婚大多还要去影楼拍摄一套“婚纱照”，并录制婚礼全过程，制成光碟留作纪念。

回　门　婚礼后第三天，新人回娘家看望父母，也称“归宁”或“新女婿”回门。娘家人一般会设宴款待。民间认为新人回门，午饭后不宜久留，太阳落山前赶回婆家才算吉利。

丧葬礼俗

守　灵　家人在家中腾出房间，按灵堂的要求布置，子女和亲友日夜守候在灵堂，接待前来吊丧的亲朋好友。

吊　丧　人死后，死者家人要立即把死讯告知至亲好友，若死者为女性，通知其娘家尤为重要。

出　殡　殡葬改革后，辖区居民去世必须火化。火化前，在殡仪馆举行追悼会，亲朋好友、单位领导同事等到现场吊唁。到场人员戴白花、黑纱。在哀乐声中全体默哀 3 分钟，单位或直系亲属致悼词，家属致答谢辞，全体人员向遗像三鞠躬，依次向遗体告别、与家属握手表示慰问。

祭　祀　出殡后“五七”（亡后的第 35 天）和“百日”（亡后的第 100 天），死者儿女辈、孙辈、亲戚要上坟祭扫，追思悼念。

生育习俗

坐月子　妇女产后的护理，叫“坐月子”。“月子”里，产妇主要是休息调养和育婴。

产妇生产后三天内不能下床，孩子没满月前不得出门。坐月子期间，产妇一般不用劳作，怕落下“月子”病，多由婆家小姑子或妯娌们伺候“月子”。产后第三日，产妇要喝肘子骨做的“全汤”，以滋补身子和催奶。

做满月　婴儿出生后一个月，设立酒宴，宴请亲戚朋友过来参与见证，为孩子祈祷祝福。

祝寿习俗

辖区大多家庭从老人 60 岁生日开始，每年都要祝寿，但规模比较小，一般是晚辈聚在一起，摆上酒席庆贺一下，出嫁的闺女将寿糕、蒸成寿桃形的馒头带回来孝敬老人。如今，辖区居民也有给老人送生日蛋糕祝寿的。给老人祝寿时，“长寿面”一直是不可缺少的食品，席间子女们还要争相把自己碗中的面条向老人碗中添一些，取“添寿”之意。

祝寿作为一种古老的习俗，可以增进长辈与晚辈的感情，体现了浓浓的亲情。

节日习俗

传统节日习俗

春　节　春节即农历新年，是一年之岁首，亦为传统意义上的“年节”。辖区居民从腊月二十三祭灶开始进入过年的状态，二十四打扫卫生、拆洗被褥，二十六添新衣、买年货，二十八贴上红红的春联、时尚新颖的年画、各种各样的大红福字，除夕夜吃饺子、守岁，正月初一晚辈给长辈拜年，祝愿长辈吉祥如意、健康长寿，春节期间全家人一起去郑州城隍庙、文庙逛庙会，领略传统民俗的精彩和魅力，一直到正月十五元宵节去公园喜猜灯谜、共吃元宵、观看造型各异的彩灯，才算过完年。春节是个欢乐祥和、亲朋好友欢聚的节日，是人们增深感情的契机。节日里交流问候传递着亲朋邻里之间的亲密情感，节日民俗表演则为辖区居民带来了丰盛的文化大餐。

郑州城隍庙新春文化庙会

社区端午节

元宵节　农历正月十五俗称元宵节，辖区习俗是赏花灯、吃汤圆、猜灯谜、放烟花等。

清明节　清明节是一个纪念祖先及离世亲人的节日。辖区居民清明节期间到公墓或骨灰堂给祖先烧纸、祭拜；街道开展“清明祭英烈”等活动，组织学生、居民、老党员等到郑州烈士陵园扫墓、给烈士献花，弘扬民族精神，缅怀革命先烈，传承红色基因。

端午节　端午节，又称端阳节、龙舟节等，节期在农历五月初五，是中国民间的传统节日。二十一世纪以来，一些具有封建迷信性质的习俗被抛弃，但是端午节吃粽子、门头插艾草等习俗在辖区仍盛行。党的十八大以来，端午节期间，辖区开展“我们的节日·端午”系列活动，如志愿者包粽子送给辖区困难群众、学校举行节日民俗文化普及活动等，释放出浓浓温情，为传统节日增添了新的文化内涵。

中秋节　每年的农历八月十五是中秋节。节日当晚，一家人围坐在一起，吃月饼、欣赏当空皓月。现如今，朋友聚餐、电话微信祝福等也成了中秋佳节必不可少的活动。街道在中秋节期间开展系列活动，如慰问身边好人活动，为他们送去节日的祝福和问候；组织社区党员、居民、志愿者举办“我们的节日·中秋”文艺演出活动；组织辖区小朋友开展“做月饼 迎中秋”手工制作活动等，丰富辖区居民的节日生活。

重阳节 重阳节是指每年的农历九月初九，是中国民间的传统节日之一。重阳节又称“登高节”“老人节”。传承至今，登高赏秋与感恩敬老是重阳节活动的两大重要主题。每到重阳节，辖区一些居民会扶老携幼游览祖国名山大川，在放松身心的同时也对老人尽一份孝心。街道开展诸如“重阳暖城东”“九九重阳节 浓浓敬老情”等活动，慰问辖区老党员、老劳模，为老人们送上祝福。

新兴节日习俗

元　旦 元旦，又称阳历新年，是公历的第一天。我国和世界上大多数国家一样，在元旦这一天，都要举行庄重热烈的庆祝活动。

五一国际劳动节 五一国际劳动节为5月1日。这是纪念国际工人阶级争取解放的节日。也是赞美劳动，赞美广大劳动者的世界性节日。

在五一当天，辖区各领域有突出贡献的劳动者会得到表彰。街道开展庆“五一”党员群众大联欢活动，上演舞蹈、大合唱、乐器独奏、豫剧等精彩节目，丰富辖区居民的文化生活。

六一国际儿童节 6月1日为国际儿童节。六一儿童节期间，辖区学校及幼儿园会组织青少年儿童举行丰富多彩的文艺演出，庆祝孩子们的节日。社区举办诸如“快乐六一 社工相随”等为主题的儿童节活动，为辖区小朋友送上节日的祝福。

七一建党纪念日 7月1日为中国共产党建党纪念日。建党节期间，街道组织“庆七一”文艺宣传活动，各社区举行文艺汇演；党员志愿者佩戴党员徽章，亮明身份，走进社区、企业义务劳动，继承和弘扬党的光荣传统和优良作风。

国庆节 国庆节为中华人民共和国成立的日子。每逢国庆佳节，辖区各党政机关、企事业单位、沿街商铺自发悬挂国旗，庆祝祖国的生日。近年来，城东路街道为庆祝国家的生日，会组织辖区居民举行“爱国歌曲大家唱”“老军人绣国旗”及“欢乐中原”等主题文化活动。

方言土语

药：一个

牙：人家

着：知道

悦：院里

威：屋里

桌：桌子

有：椅子

超：小车

小：男孩

妞：女孩

燕儿：昨天

今儿：今天

明儿：明天

后儿：后天

瓦：跑啦

咋：干啥

抽：尺子

捞：辣椒

究：鸡子

桥：茄子

扁食：饺子

油馍：油条

油烙馍：油饼

蒜面：捞面

城柳：城里

冷子：冰雹

烧云：晚霞

云彩：白云

低脑：脑袋

脖、脖儿梗：脖子

肩磨头：肩膀

脊梁：脊背

圈起：关闭

扳、撂：扔掉

小虫儿：麻雀

长虫：蛇

马叽鸟儿（幼虫叫爬叉）：蝉

不敢当：礼貌语，谦词

一下子：很快的时间

打麻缠：取闹

诓人：骗人

不拾闲儿：闲不住

薄气：刻薄、不厚道

教科文卫

城东路街道历史悠久，文化积淀深厚。有成立于1908年、具有百余年历史的回民第二小学，为社会各界培养了大批优秀人才；有郑州市体育运动学校，培养输送了葛新爱、巫兰英、邓亚萍、孙甜甜、宁泽涛等杰出运动员。

街道在辖区先后成立了5所科普大学分校，依托科普大学成立各种文艺团体，在各种重大节日开展科普、文艺活动来提高居民的生活质量，丰富居民的文化生活。

街道的精神文明建设活动丰富多彩，富有成效。组织了多支志愿者队伍，发放“告居民倡议书”，开展了“我们的节日”等服务少数民族运动会等多项活动。

学校教育

东关小学

东关小学位于商城东路 19 号，1959 年筹建，1960 年 3 月正式开学。是时，学校占地面积 11349.2 平方米，建筑面积 1566 平方米，学生 248 人，教职工 26 人。

1965 年，学校发展到拥有 16 个班，学生 696 人，教职员工 23 人。

1976 年以后，学校两次扩建校舍，先后建教学楼 2 幢，教室 24 个，全校总建筑面积 2586 平方米。

1985 年，学校开设 18 个班，学生 900 人，教师 53 人。1990 年，学校实有班级 20 个，学生 930 人，教职工 54 人。

2003 年，学校进行全面改造，新建了办公楼、学校报告厅和 5 层教学楼。新建面积达 13000 平方米，学校的总建筑面积达 13900 平方米。

2019 年，学校开设 48 个班，学生 2902 人，教职工 123 人。

东关小学之一　马健　摄

东关小学之二

东关小学以“悦读润智，兴艺广才”为核心教育理念，实施“艺术特色铸就教育奇葩，阅读习惯奠基幸福人生”的办学策略，学校开展经典诵读等特色艺术教育。“兴于文、立于德、游于艺”是东关小学的校训。

回民第二小学

管城回族区回民第二小学建于1908年，原称知新初等小学堂，校址设在北关外祖师庙内。建校初期，学校占地6486平方米，班级1个，学生25人。

1940年，改称郑县维新镇回民学校。1944年日军占领郑县，学校停办。中华人民共和国成立后，学校易名为“郑州市一区第三初级小学”。

1957年，学校迁至唐胡同，并更名为北大街小学，同时设高级班为完全小学。是时，学校共有班级10个，学生402人，教师18人。

1980年，改为“管城回族区回民第二小学”并沿用至今，校址位于商城路9号。

1984年，建教学楼1幢，教室12个，全校建筑面积2115平方米。

回民第二小学　马健　摄

1990 年，实有学生班级 10 个，学生 374 人，教职员 36 人。

1997 年，学校进行了改建扩建，学校建筑面积达 4700 平方米。

2018 年，学校有 24 个教学班，1300 多名学生，80 名教职工，其中省级骨干教师 1 人，市级骨干教师 2 人，区级骨干教师 3 人，区级学科首席教师 1 人，教师学历达标率 100%。现配备有标准化班班通教室、仪器室、功能室和塑胶操场。

学校体育活动活跃，1984 年被评为郑州市达标先进单位。小足球队颇有名气，1982 年以来，曾两次获郑州市冠军。1986 年，该校因小足球被定为“省传统项目学校”。

学校坚持“和谐立校，特色办学”治校方针，注重课堂教学和学校特色建设，在紧抓教学工作的同时发扬民族团结教育的特色，将活动和教学有机地结合起来。

学校先后获得全国足球特色学校、河南省民族团结教育先进单位、郑州市绿色学校、郑州市 2018 年度教学科研先进单位、管城回族区文明单位、管城回族区 2016—2017 学年教育教学创新先进单位、管城回族区 2017—2018 学年校本课程先进单位等称号。

郑州市体育运动学校

郑州市体育运动学校位于郑州市管城回族区塔湾路47号，成立于1956年。1987年，学校开始招收中专生。1995年，学校由郑州市中心体育学校更名为“郑州市体育运动学校”。2003年，经郑州市人民政府和郑州市机构编制委员会批准，在郑州市体育运动学校的基础上创办了郑州市体育中学。

郑州市体育运动学校是一所以中专教育为龙头，初中教育为基础，集游泳、自行车、射击、射箭、举重、篮球、拳击、柔道、武术、摔跤等训练项目于一体的综合性体育运动学校。学校硬件设施齐全，师资力量雄厚，为省市和国家培养输送了一大批优秀体育后备人才。

郑州市体育运动学校以参加奥运会为最高目标，把“以管理为先导，以教育为基础，以训练为中心”作为办学方针，把“选好苗子，着眼未来，积极输送”作为办学目标。

郑州市体育运动学校培养输送的优秀运动员中，葛新爱、巫兰英、邓亚萍、孙甜甜、李雪英、董栋、帖雅娜、范运杰、黄庚、焦帅、李昀琦、宁泽涛、敬亚莉、赵宝芳、王浩、雷佳慧等，先后在奥运会、世锦赛、世界杯赛和亚运会比赛中取得较好成绩。

郑州市体育运动学校被体育运动委员会和国家体育总局授予全国体育业余训练先进单位、全国群众体育先进单位、全国体育事业贡献奖。先后获得全国重点射击学校、全国优秀青少年体育俱乐部、国家示范性青少年体育俱乐部，全国举重、篮球高水平后备人才基地。连续3个奥运周期（2005—2008年、2009—2012年、2013—2016年）被国家体育总局授予国家高水平体育后备人才基地。2017年，被国家体育总局授予2017—2020年国家重点高水平体育后备人才基地。被河南省体育局授予文明学校和全省体育系统先进集体，被中共河南省委、河南省人民政府授予省级文明单位，被中共郑州市委、郑州市政府连续4次授予市级文明单位，被郑州市总工会和共青团郑州市委分别授予先进工会、先进团委。

葛新爱

巫兰英

邓亚萍

郑州电力高等专科学校

郑州电力高等专科学校是一所由中央和地方共建，由电力行业举办、以电力职业教育为主体的普通高校，是中南地区重要的电力技术技能型人才培养培训基地。

学校已有 85 年的办学历史，其前身郑县工业职业学校（后更名为“河南省立郑州高级工业职业学校”）始建于 1933 年，抗战时期在内乡县赤眉镇办学 8 年，经历了 16 次易名。

冠军之路

1953 年，全国院系调整，以郑州高级工业职业学校为基础，将中南五省六所高级工业学校的电机科并入，成立燃料工业部郑州电力学校。其后，历经河南电力学院、郑州电力学院、郑州电力学校等发展阶段，1994 年，建立郑州电力高等专科学校。

学校原址位于郑州市管城回族区商城路 2 号，与商城遗址和郑州城隍庙毗邻。2013 年 9 月，学校整体迁出辖区。

新辉煌。郑州体育运动学校作为国家重点高水平体育后备
亚萍、中国网球奥运首金孙甜甜，举重奥运冠军李雪英、
成为郑州靓丽的名片。在世界竞技体育的大舞台上，郑州
l在国内外的知名度。

继往开来逐梦前行

不忘初心牢记使命

泽涛

2014年9月23日、在第十七届仁川亚运会男子50米自由泳决赛中，宁泽涛为中国游泳队收获男子项目的首枚金牌。9月25日，宁泽涛又在男子100米自由泳决赛中以47秒70的成绩赢得金牌，不仅刷新了亚运会记录，而且成为了首位游进48秒的亚洲人。2015年2月1日，宁泽涛荣获2014CCTV体坛风云人物最佳男运动员奖。2015年8月6日，在第16届喀山世界游泳锦标赛男子100米自由泳决赛中，宁泽涛以47秒84荣获冠军，获得首枚世锦赛金牌，创造亚洲游泳的历史。

董栋

1996年，董栋开始练习体操，2002年起改练蹦床。2005年初入选蹦床国家队，2007年获得第25届蹦床世锦赛亚军。在蹦床世界杯加拿大站和中国站上获得个人网上蹦床冠军。2008年在北京奥运会男子蹦床项目中获得季军。2013年获得第29届蹦床世锦赛男子个人赛冠军，第3次夺冠。2014年仁川亚运会男子蹦床比赛中，以62.480分的成绩卫冕夺取金牌。2015年在丹麦蹦床世锦赛男子双人同步赛中董栋和队友涂潇搭档，以52.900分摘金。2012年伦敦奥运会男子蹦床项目中，以62.990分的成绩获得冠军，成为收尾集世界杯、世锦赛、奥运会冠军的中国蹦床大满贯选手。

李昀琦

李昀琦从小就展现出极高的游泳天赋，5岁进入郑州市体育运动学较从事游泳训练，10岁入选省队，16岁代表河南省参加了全运会，2009年10月份成为国家队正式队员，分别在亚锦赛、东亚运动会、广州亚运会、世锦赛中取得可喜成绩。2010年广州亚运会游泳男子4x200米自由泳接力赛冠军；2011年第七届全国城市运动会男子400米自由泳冠军；2012年第三十届伦敦奥运会男子4x200米自由泳接力铜牌，这是中国男子游泳集体项目在奥运会上第一次夺得的奖牌，打破了中国男子游泳集体项目从未问鼎奥运领奖台的历史。

敬亚莉

2003年11岁进入郑州市体育运动学校自行车队从事自行车运动。2006年进入河南省自行车运动管理中心训练。2013年第十二届全运会女子自行车三公里追逐赛团体冠军；2014年亚洲自行车锦标赛女子三公里个人冠军，四公里团体追逐赛冠军；2014年第十七届韩国亚运会女子自行车四公里团体冠军；2015世界杯自行车场地赛女子四公里团体追逐赛第二名；2015年亚洲自行车锦标赛女子四公里团体追逐赛冠军。全国自行车女子三公里个人纪录保持者。

科技科普

2007年城东路街道办事处科普大学商城花园分校创办。2008年至2011年，街道先后创办了商城东里分校、电子学院分校、未来路分校和康桥花园分校。

2012年6月，商城花园社区被中国科学技术协会和国家财政部联合命名为首批全国科普益民行动计划先进单位，城东路街道办事处也是郑州市首家获此称号的街道，并获得20万元的资金奖励。

科普大学商城东里分校吸收辖区内科技、教育、文化、卫生等人员为骨干，成立50人的科普志愿者队伍，建立2处科普宣传栏和1处科普画廊，张贴科普挂图，每两个月更换一次科普挂图，建立健全科普设施阵地。先后投入20多万元，建立科普活动站、图书室、健身娱乐室及一处300平方米的室外文化广场，满足广大居民学习、生活、娱乐的需求。结合科普活动周、全国科普日和科普进社区、科普进家庭等活动，举办各种类型的科学文化知识竞赛、文艺表演。科普大学商城东里社区分校先后获得郑州市科普示范社区、河南省科普示范社区等称号。

科普大学电院分校、未来路分校和康桥花园分校先后开展“小手拉大手”、赠送小黄帽活动，街道各路口设置交通警示牌、温馨提示语，促进居民遵守交通法规意识。开展保护环境、健康生活、急救知识、计划生育等方面科普知识讲座。利用“科普宣传周”在社区内举办“电影周”等各种文体活动，扩大宣传面和社区居民的参与程度。

城东路5所社区科普大学在历年的复检中，均被郑州市科学技术协会评为一类社区科普大学示范点。截至2018年，已招收10期3000多名学员，毕业学员2800多人，以社区科普大学为依托开展的各项培训讲座，受益居民累计达10万余人次。

街道办事处组织科普大学学员到河南博物院、郑州市科技馆、郑州绿博园、郑州市月季公园等各种场馆参观学习；组织学员参加科技活动周、全国科普日等各项活动。

2017年，城东路街道办事处未来路社区以社区科普大学为平台，联合郑州市电力公司志愿者服务队在未来路分校科普大学开设第二课堂，讲解用电安全常识。商城东里分校向学员和辖区居民赠送健康膳食书籍、宣传页，控油勺和限盐勺，让社区学员和居民了解健康饮食的重要性、必要性。科普大学商城花园分校联合河南省传染病医院，为科普大学学员和辖区居民举办传染病防治知识讲座。科普大学未来路分校组织科普大学学员及辖区居民进行消防演练。

科普大学未来路分校

科普大学康桥花园分校实践课

商城花园社区电子阅览室　马健　摄

2018 年，城东路街道办事处联合省安全教育中心，组织 5 所社区科普大学分校的 100 余名学员，开展城东大讲堂——“珍惜生命 关爱健康”知识讲座，与学员们一起探索健康之道。在“全国科普日”期间，街道办事处组织科普大学 5 所分校 200 余名学员在大河村遗址博物馆举办“低碳行 科普游，探寻郑州古文明”活动。

群众文艺

中华人民共和国成立前，辖区文化设施极少，群众文化生活贫乏。20 世纪 50—60 年代，辖区纷纷成立文艺宣传队、合唱团、业余剧团，利用业余时间进行排练，利用周末和节假日演出群众喜闻乐见的文艺节目，宣传党的路线、方针。

20 世纪 80—90 年代，辖区文化建设加强，每逢节假日举行多种形式的宣传活动和文艺演出，群众性文化活跃，每个社区都有居民自发组织的戏曲、歌唱、乐器等民间文艺团队。

社区文化艺术节

商城花园老年书画班 马健 摄

1997 年，街道组织辖区群众开展各种文艺活动，如红歌比赛、舞蹈比赛等。

1999 年，街道组织“庆七一”文艺宣传活动，各社区进行了多场文艺汇演。

进入 21 世纪后，街道在各种纪念日、节假日都组织开展不同形式、不同规模的文娱活动，并为各个社区配备必要的文化设施。各个社区以歌舞晚会、猜灯谜、书法绘画展览等形式庆祝春节、元宵节等传统节日。

2003 年 7 月，城东路街道综合文化站正式建成，建筑面积 720 平方米，为三层主体结构，内设图书阅览室、信息资源共享室、电子阅览室、文体活动室、多功能室等活动场地。街道在室外 3000 平方米的活动场所内开辟娱乐健身场所，设有羽毛球、太乙拳、健身操等综合性文体活动区域，为辖区居民提供科技学习、健身娱乐的综合休闲文化活动基地。

2003 年后，街道在商城花园社区投资 200 万元，建成一座三层规模的社区服务中心，设立图书阅览室、棋牌室、康检室、多功能厅，配备投影仪、音响、电脑、棋牌桌等娱乐设施。

2005 年，街道成立“夕阳红”活动中心，建成文化活动广场，为辖区居民提供活动场所。先后组建郑汴路社区秧歌队、郑汴路社区老年文艺队、电子学院社区时装模特队等文艺团体。7 月，与大河联通社区剧团联合举办“把欢乐带进社区”节目，街道举办了唱红歌及有奖征文比赛。利用暑期，在商城遗址公园举办周末电影夜市，重点播放爱国主义教育题材影片和中老年人喜爱的戏剧片。

2006 年，街道在五一劳动节和六一儿童节等节日，组织开展形式多样的文艺演出活动。

2007 年，街道积极开展健身活动，举办群众喜爱的比赛和活动。

2008 年 5 月，街道组织辖区居民参观郑州市科技馆、月季公园，参加管城回族区第八届科技活动周启动仪式，参观各种科技小制作。中秋节前夕，街道组织辖区居民到荥阳市游览荥阳植物园、刘禹锡公园。

2009 年，商城花园社区科普大学合唱队成立，成立时有 30 个人，后来发展到 60 余人。

2011 年，街道组建秧歌队、腰鼓队、老年合唱队、书画协会、社区健身操队、社区舞蹈队、文体团队等活动队伍，活动人员 2000 多人。街道老年扇子舞、交谊舞、健身操、太极拳等活动队伍，经常在商城遗址广场、城墙上敲锣鼓，扭秧歌。

2012 年，商城花园社区科普大学合唱队参加管城科普大学校歌比赛，获得一等奖；同年 9 月，商城花园社区科普大学合唱队参加郑州市科协举办的“唱响社区科普大学之歌”比赛，获得三等奖。

2014 年，管城回族区举行第二届群众文化艺术节合唱比赛，街道组织的合唱队获得二等奖。8 月，管城回族区举行“唱响中国 歌颂新生活”纪念抗日战争胜利 69 周年暨新中国成立 65 周年群众合唱比赛，街道组织的合唱队获得二等奖。

2015 年，街道办事处协调 10 个社区组织开展多场文化惠民演出活动。

2016 年，街道综合文化站利用春节、端午节、中秋节等节日，组织辖区居民开展群众文化娱乐活动。

2017 年，街道开展“七一表彰大会”大型娱乐活动，各社区文化服务中心开展“闹元宵、猜灯谜、赢奖品”等传统文化活动。

2018 年，街道开展“红色文艺轻骑兵下基层”“文聚管城 艺惠商都”“庆祝改革开放 40 周年”“建党 97 周年暨七一表彰大会”“快乐星期天”等大型文化惠民活动 40 余场。

2019 年，街道开展“春满中原”春节系列大型文化惠民活动。街道组织辖区 10 个社区文化服务中心开展春满中原、迎新春、写春联、象棋大赛、闹元宵等文化娱乐活动。8 月，街道合唱队参加管城回族区“迎民族盛会 庆七十华诞”大合唱比赛，获得一等奖。

街道“春满中原”文化惠民活动之一

街道"春满中原"文化惠民活动之二

医疗卫生

城东路社区卫生服务中心

郑州市管城回族区城东路社区卫生服务中心（以下简称"服务中心"）于2009年4月通过郑州市卫生局招标而设置，是河南省首家社会力量举办的基层医疗机构。服务中心位于郑汴路与货站北街交叉口，建筑面积2300平方米，服务范围覆盖了城东路办事处辖区内的10个社区，服务人口4.8万余人。服务中心设有全科诊室、中医科、康复理疗科、口腔科、检验科、彩超室、心电图室、放射科、计划免疫室等科室，负责向居民提供基本医疗、基本公共卫生、健康管理等服务。

精神文明创建

2005年，街道向辖区居民发放《告居民倡议书》，倡议"家家争做文明市民，使不友善不文明行为的人和事无处藏身""创造美丽和谐的家园"，共发放《告居民倡议书》1000余份。组建社区文明志愿者服务队伍，周六、周日利用健康教育宣传栏、小广播等，宣传创建全国文明城市的重要意义。

社区卫生服务中心上门义诊

老军人志愿者服务

2008年，街道开展创建文明城市工作，营造宣传氛围，提高“三个率”。即市民对创建工作的参与率、知晓率、满意率。开展“迎奥运、讲文明、树新风，自行车文明摆放”活动，发放《自行车文明摆放倡议书》2万余份，宣传自行车文明停放，营造良好的城区环境。

2009年，以“我们的节日”为主题举办端午节送粽子、中秋之夜活动；以建国六十周年为主题举办爱国歌曲大家唱、老军人绣国旗，集中观看建国六十周年大阅兵，举办“欢乐中原”等主题文化活动。

2012年，在商城花园社区成立河南省首家家庭志愿者义工协会，并在此基础上成立社区志愿服务站，组建了城东路共青团学雷锋志愿服务队、党员服务队、圆方物业志愿者服务队等11支志愿服务队，开展志愿者服务活动。

2018年，街道各社区联合辖区居民在传统节日开展以“我们的节日”为主题的春节、端午节、中秋节等文化活动；开展“党的创新理论万场进基层”活动，深入学习习近平新时代中国特色社会主义思想；成立志愿者队伍，在辖区义务为老人理发、帮助行动不便的老人打扫卫生等；每月积极推荐文明市民，向日常生活中涌现出来的代表学习；在各社区开展“红色文艺轻骑兵下基层”活动，辖区居民广泛参与；每周五开展“全城清洁”环境综合整治活动，全面提升辖区环境面貌，助力文明城市创建；街道办事处成立新时代文明实践所，各社区成立新时代文明实践站，依托辖区资源，开展各类惠民活动。

商城花园社区“红领巾”志愿者

2019年，组织多支志愿者队伍，为第十一届少数民族传统体育运动会服务，在运动员驻地周边设置固定志愿者岗位，全天24小时不断岗；在辖区各个交通路口及公交站牌处开展文明交通、文明指引等志愿服务。

街区管理

20世纪50年代以来，辖区开始有针对性地开展环卫工作。1988年，办事处制定道路清扫制度，辖区垃圾基本上做到日产日清。2000年，办事处在城市管理体制上取得新突破，使城市管理走向经常化、规范化轨道。

1993年，办事处把社会治安综合治理工作纳入两个文明建设规划并实行责任制。2007年，办事处建成覆盖全辖区电子监控网络，对辖区进行全天候、全方位监控，形成了点、线、面立体式治安防控体系。

在加强人口管理上，办事处根据不同时期特点采取针对性举措，落实各项工作的同时，加强宣传，为人口工作的开展打下良好基础。2013年，办事处获2012年度管城回族区人口和计划生育信息化建设工作先进集体等称号。

环卫管理

1957—1958 年，办事处在辖区内开展大规模的“除四害、讲卫生、减少疾病”活动。辖区内的机关、单位、学校积极参与，办事处每天组织卫生检查，并设立流动红旗和流动黑旗。

1960 年，在郑州市统一安排下，办事处在辖区内全面进行烟熏灭蚊工作。

1978 年，办事处筹集资金组建了一支 16 人清扫队，负责对辖区内背街小巷的道路清扫。

1982 年，办事处在搞好辖区环境卫生的同时，广泛开展灭鼠、灭蚊蝇工作。

1986 年，办事处对辖区单位实行“门前三包”（包卫生、包秩序、包绿化）。

1987 年，办事处组织三次突击性卫生大扫除，共清运垃圾、下房土 40 余车。为搞好灭鼠、灭蚊蝇工作，办事处为辖区单位培训了 360 名消杀员、投药员；为辖区单位发送敌敌畏 20 多箱、灭害灵 30 箱、臭氧菊汁 25 公斤、捕蝇笼 200 多个、蝇拍 5000 支、喷雾器 300 个、灭鼠药 2500 公斤。

社区垃圾分类宣传　马健　摄

1988 年，辖区清运生活垃圾 400 万公斤左右，清理下房土、卫生死角垃圾 1.5 万公斤，在市、区 9 次卫生大检查中，办事处均位列前三名。在河南省爱国卫生运动会的灭鼠验收中，办事处共购买发放灭鼠药 2000 公斤、灭蚊蝇药 300 公斤，辖区单位均达到标准，省武警总队、瓦楞制箱厂、省军区仓库、省金属公司、市第三职业中专、市第一人民医院被评为先进单位，受到市政府表彰。

1989 年，办事处发动辖区单位、居民打扫卫生死角 108 处，投放灭鼠药 2500 公斤，灭鼠工作被区评为第一名。

1990 年，辖区清理违章占道 72 起，粉刷树干 2200 棵，粉刷墙壁 1.5 万平方米，清理垃圾广告 3000 多处，清运垃圾 198 万公斤。办事处投入灭鼠药 500 多公斤。灭蝇工作中，为辖区单位发放敌敌畏 200 多公斤。

1992 年，办事处组织辖区单位及沿街门店 200 多名负责人学习郑州市《门前三包条例》，与 229 个单位签订“门前三包”责任书。辖区进行大规模的灭蝇、灭鼠、灭蟑螂宣传工作，办事处与辖区单位签订灭蝇责任书 199 份。商城路街管会被郑州市政府定为郑州市第一个标准街管会。

1993 年，办事处在辖区开展“三优杯”竞赛活动，“三优杯”的主要内容是优美环境、优良秩序、优质服务。

1994 年，办事处实行垃圾清运工摇铃倾倒制度。清理外运垃圾 200 万余公斤，清理垃圾广告 200 余处，修补花坛 63 个，粉刷墙壁 11840 平方米。

1997 年，清运辖区多年积存垃圾 1170 万公斤。办事处成立市容执法小分队，对东明路、商城路、城东路、东大街等主次干道进行清理，共清理无证经营 1.7 万起、店外经营 800 余处，清理违章摊群、夜市 60 余家。在硝滩居民区拆除违章建房、车棚 1660 间，清运下房土 1000 万余公斤。

1999 年，办事处把辖区划分为 31 个责任区和 7 个重点责任区，由专人负责。对辖区内 102 个污染源进行治理，对辖区饭店使用的散煤炉灶进行拆除改造，统一使用型煤和燃油、汽灶。

2000 年，办事处在城市管理体制上有新突破。将居民区的卫生管理权下放到居委会，将 10 名二级转运工、7 名民办清扫员分配到各个居委会，由居委会负责对其督促考核、发放工资、配备工具。将辖区内的 6 条主次干道按一定标准划分为若干责任区，由城管科人员分级进行包干，实行“终身责任制”。面向社会公开招标，拍卖辖区内 6 条主干道及一般道路的清扫保洁权，实现管理与清扫保洁两权分离。

2003 年，拆除违章建筑面积 2396 平方米，清运建筑垃圾 526 车；办事处对城东路、郑汴路、商城路 3 条道路两侧的建筑物进行整饰、粉刷和清洗，共整饰道路两侧建筑物 58 栋，粉刷面积 4.1 万余平方米，清洗面积 2.65 万余平方米，拆除遮阳棚 562 个、防盗网 433 个、铝合金窗 77 个、灶台 30 个。办事处与管城回族区行政执法局结合，取缔煤灶 310 个、露天烧烤点 12 个。

2004 年，办事处在两条景观路（东明路、商城东路）上拆除防盗网 363 个，灶台 259 个，违章建筑 2540.09 平方米。整治大型广告牌匾 25 个、墙体广告 164 处，清运垃圾 130 车。

2007 年，在重大节日前后，辖区开展大环境整治、主干道专项整治月活动，清运垃圾 10 车，完善卫生设施 200 处。是年新增一类社区 1 个，创建人居环境示范社区 1 个。

2008 年，在精品街整治过程中，办事处清理占道经营摊位 187 处，整治门头店面 367 家，其中拆除门头匾额 42 个，清洗门头 282 个，修补门头 29 个。拆除灯箱、电子广告 154 个，清除橱窗广告 265 处，清洗、粉饰、修补台阶 2380 余平方米，新建围墙 430 平方米。

2009 年，办事处组织辖区公共单位、居民义务劳动 4 次，铲除小广告 6000 余处。是年获得郑州市爱国卫生运动委员会办公室颁发的流动红旗 2 面。

凌云路墙绘之一 马健 摄

凌云路墙绘之二　马健　摄

2010 年，办事处投资 400 多万元，对 4 万平方米的墙体（楼体）及围墙进行粉饰，对影响市容的 367 个门头匾额、154 个灯箱广告、4650 处橱窗广告、3800 余平方米户外广告进行拆除、维修、更新，清洗、粉饰，修补台阶 2380 平方米，新建围墙 980 平方米。

2011 年，办事处投入资金 72.1 万元，对 9 个楼院进行人居环境改造，粉饰墙体 4540 平方米，清除乱搭乱建房屋、乱堆乱放杂物 22 处，拆除违章建筑 16 处。

2012 年，办事处治理占道经营 1300 余处、突出店外经营 700 余处，拆除、清理、整治各类违章违规大型户外广告 120 处，清除墙面广告 200 处，整治门头牌匾、小广告 1954 处。

2014 年，辖区粉饰墙体 4000 平方米，治理占道经营、突出店外经营 3800 余处，清理 LED 灯、软体广告、小广告 3689 处，清理辖区夜市、疏堵乱点 360 余处。

2015 年，辖区 230 家餐饮行业安装油烟净化装置。

2016 年，办事处对 109 个楼院进行清理整治，清理居民用煤 9.8 万块。

2017 年，办事处对硝三院、城东路 151 号院、商城东里 16 号院等 27 个楼院 125 处违章建筑进行拆除。印制 5000 份宣传资料、制作 3000 平方米喷绘、1600 块展板、600 米创建展示墙。

2018年，辖区开展“全城清洁”，“最美楼院”评比活动，对监测点周边居民楼院及公共单位环境卫生进行不间断整治。

治安管理

中华人民共和国成立初期，社会治安主要是由军管会进行维持。不久，郑州市成立公安局，街政府设立派出所，负责维持辖区社会治安。

20世纪50年代中后期至60年代初期，辖区社会治安良好。

20世纪70年代初期，居委会开始组织各居民小组夜间巡逻。

1983年，办事处制定民兵巡逻方案。

1987年，办事处与辖区52个单位签订治安承包责任书；14个较大的企业成立了护厂队，共有专职护厂员42人，兼职护厂员54人。派出所在沿街建立了11个治保会，共有治安管理员74人。各居委会成立治安巡逻组织，进行夜间分片包干巡逻。

1988年，治保会抽调25名工作人员分成两个组，每个居委会分2～3人，配合居委会的巡逻人员担任辖巡逻任务。辖区各单位在派出所的督促下配齐保卫人员，加强门卫警戒和护厂队的夜间巡逻。

1991年，办事处与辖区92个单位、21个居委会签订社会治安综合治理目标责任书。同时采取军、警、民联防，居委会巡逻，门栋关照等措施，使辖区内形成系统的安全防范网络。

1993年，办事处按照“谁主管、谁负责”的原则，对辖区21个居委会、67个公共单位、46个公共复杂场所签订目标管理责任书，96%的单位达到责任目标要求。在治安防范方面，辖区21个居委会有18个实行门栋关照，有3个实行封闭式管理。

2000年5月，办事处制定清查“三无”（无合法身份证、无固定住所、无正常经济来源）人员工作方案，并对“三无”人员进行了排查。

2003年，办事处在商城花园社区建成巡防指挥中心。

2004年，办事处在7个社区成立巡防指挥中心，设立群众服务电话，设置120个电子巡跟点，电子巡跟系统可覆盖所有社区。硝滩社区巡防队和商城花园小区巡防队被评为“郑州市十佳社区巡防队”。

2007年，办事处协调解决重大问题8起，调处一般矛盾纠纷40多起。投资40余万元建成覆盖全辖区的电子监控网络，对辖区进行全天候、全方位监控。

2008年，建立“四级监管”网络，即加油站等重大危险源由专人负责监管；宾馆、娱乐场所等重大隐患单位由安全生产办负责监管；一般监控单位及沿街门店由城管科负责监管；居民楼院、散居居民及其他破产倒闭企业楼院、社区背街小巷由社区负责监管。

2010年，办事处被评为郑州市社会矛盾化解工作先进单位、郑州市平安建设先进集体。

2011年，办事处建立社会治安“联防”机制，坚持实行流动人口常住化管理，随时登记，定期清查，每月都组织一次流动人口集中清查行动，共排查矛盾50余次。

2012年，开展“平安街道”“平安校园”“平安楼宇”等行业平安创建活动。

2013年，巡防队员消防排查70余次，累计发放宣传页5000余张。

2014年，辖区无主管楼院社区安装摄像头100个，实现技防监控设施全覆盖。全年开展矛盾排查60余次，排查出各类矛盾纠纷80余起。

2015年，开展大规模平安建设宣传教育活动。

2016年，投入经费10多万元，新购置治安巡逻车1部，对原有的巡逻车辆进行了维修改装，配齐巡逻人员服装和装备。

2018年，开展“扫黑除恶”斗争宣传50余次，发放宣传页3000余张，宣传品2000余份。

平安校园创建活动 马健 摄

人口管理

1980 年，办事处正式成立计划生育委员会，下设办公室，简称“计生办”。

1985 年之后，计划生育工作重点抓药具发放与管理制度建设。

1998 年，辖区已婚育龄妇女入户调查和健康检查率均达到 100%。

2000 年，办事处建立辖区流动人口计划生育台账，加强流动人口计划生育管理，对流动人口建档建卡，实行分类管理，责任到人。

2001 年，计划生育工作重点由常住人口转移到流动人口，连年统计符合率、孕检对象掌握率、孕检率均达到 100%，流动人口管理率达 98% 以上，办证、持证、验证率均达 100%。

马健　摄

马健 摄

2003 年，开展活动 15 余次，展出宣传版面 60 多块，发放宣传资料 10000 多份，避孕药具 8000 多盒。组织各类法规、业务培训、知识讲座和参观学习等 8000 多人次。辖区康检率达 98%以上。常住人口已婚育龄妇女档案建设准确规范，已婚育龄妇女进档率 100%，管理准确率 100%，药具发放率 100%。

2004 年，办事处制作 40 多块板块，宣传健康知识。

2005 年，辖区已婚育龄妇女 7134 人，已婚育龄妇女占总人口的 24.18%。康检率达 100%，信息录入达 100%，流动人口合同签订率达 95%，政策生育率达 100%。

2006 年，辖区已婚育龄妇女 6570 人。

2007 年，人口统计准确率 100%，人口出生率为 5.9‰。

2009 年，辖区人口出生率在 8‰。

2011 年，办事处获郑州市药具工作先进单位称号。

2013 年，办事处获 2011—2012 年度管城回族区妇幼保健工作先进集体。

2015 年，辖区出生婴儿 246 名，全年人口出生率为 6‰。

2016 年，按照“属地化管理、均等化服务”的原则，发放各项宣传册 2750 份、宣传用品 840 份。

2017 年，建立“234”工作模式，“234”即建立 2 项机制，建立 3 个平台，以 4 支队伍为触角。

2018 年，在办事处门口服务大厅设置计划生育窗口。

街区人物

在城东路街道办事处辖区内，居住着多位老一辈革命者，他们在战争年代不怕牺牲、勇于战斗，为中华人民共和国的解放事业做出了贡献。和平时期，辖区人民继续发扬不畏艰辛、奋发进取的精神，在不同领域取得了令人瞩目的成绩，留下了宝贵的精神财富，为他人树立了榜样。

LOCAL RECORDS OF CHENGDONGLU

祝子清

祝子清

祝子清（1931— ），男，辖区居民，1950年参加共产党领导的彭山县双江机干团；同年5月，带人抓获土匪头子，缴获武器30多件，记一等功；7月，调180师，因深夜送情报记三等功一次；9月，参加抗美援朝。

张瑞明

张瑞明

张瑞明（1933— ），男，辖区居民，1949年参加第四野战军炮兵第五团，参加过渡江战役、两广战役、解放海南岛战役，获“解放华中南”奖章一枚。1950年10月，参加中国人民志愿军，荣获“朝鲜共和国军功章”两枚；抗美援朝60周年纪念时，被授予全国“抗美援朝功勋人物”称号。1970年初，参加“珍宝岛自卫反击战”荣立三等功，获军功章一枚。

柳岳继

柳岳继

柳岳继（1934— ），女，辖区居民，抗美援朝十五军战士，在上甘岭战役中获军功章一枚，全军模范共青团员，电影《英雄儿女》中王芳的原型。转业后曾获共青团中央先进工作者称号，被评为省、市劳动模范，省三八红旗手。

王果

王果

王果（1934—　），男，辖区居民，1948年参军，豫皖苏军分区支前大队。1950年，调到铁四师参加抗美援朝，在军内工作期间多次立功受奖，曾在中南海受到国家领导人接见。

周新展

周新展（1948—　），男，河南省驻马店人，郑州市体育运动学校高级教练。在郑州市体育运动学校工作期间，培养出一大批优秀的射击后备人才，1996年被国家体育运动委员会授予“世界冠军启蒙奖”称号和全国业余训练先进工作者。

徐平均

徐平均（1950—　），男，中共党员，电容式电子秤发明人，曾担任郑州电子秤厂技术科长。1972年参加工作以来，徐平均潜心研究技术，成功研制出国内首台10吨ORS电容式电子吊秤，被评为国家级有突出贡献的中青年专家。1984年、1985年、1987年被评为国家物资部先进生产者；1987年获全国“五一劳动奖章”；1985—1988年连续被评为省直系统优秀共产党员。1989年，被评为全国劳动模范。

葛新爱

第三十五届世界乒乓球锦标赛上，葛新爱（右）和张力并肩战斗

葛新爱（1953—　），女，河南长垣人，1973年入选国家乒乓球集训队，郑州市体育运动学校校友。1975年，葛新爱获第33届世界乒乓球锦标赛女子单打季军和女子团体冠军。1977年，获第34届世界乒乓球锦标赛女子单打和女子双打

两项季军及女子团体冠军。1979 年，获第 35 届世界乒乓球锦标赛女子单打和混合双打两项冠军和女子双打亚军，并获女子团体冠军。1978 年、1979 年两次获国家体育运动委员会颁发的体育运动奖章。2003 年入选国际乒乓球联合会名人堂。

邓亚萍

邓亚萍（1973— ），女，河南郑州人，原中国女子乒乓球队运动员，奥运冠军，乒乓球大满贯得主，郑州市体育运动学校校友，河南邓亚萍体育产业投资基金创始人。

邓亚萍父亲曾是郑州市体育运动学校乒乓球老教练，她曾跟着父亲在学校训练。1989 年，年仅 16 岁的邓亚萍首次参加世界乒乓球锦标赛就夺得女双冠军。1992 年巴塞罗那奥运会，邓亚萍夺得女子单、双打两枚金牌。1995 年，邓亚萍在世界乒乓球锦标赛上夺得女单、女双、女团三项冠军。1996 年亚特兰大奥运会，邓亚萍再夺得女子单、双打两枚金牌，成为中国奥运历史上第一个夺得四枚奥运金牌的人。1997 年 5 月，邓亚萍在曼彻斯特世界乒乓球锦标赛上获女单、女双、女团三项冠军。14 年的运动生涯中，邓亚萍共拿到 18 个世界冠军，她在乒坛排名连续 8 年保持世界第一。

邓亚萍

大事纪略

城东路街道历史悠久，文化底蕴深厚，每一阶段发生的事都繁若星辰，留下了深刻的岁月痕迹。以下辑录的是曾对辖区的社会、经济、文化产生过较大影响的事件，它们构成了辖区历史发展的脉络。

LOCAL RECORDS OF CHENGDONGLU

郑州城隍庙始建

郑州城隍庙始建于明洪武年间（1368—1398 年）。整个建筑群呈南北轴线，由大门、仪门、戏楼、大殿、后寝宫和前后院的东西厢房组成，由大门至后寝宫依次抬升。城隍庙的建筑风格、造型艺术以及油漆彩画和雕刻装饰都具有较高的文物价值。漫长的岁月中，城隍庙或倾圮，或坍塌，但历朝历代都重作修葺。1995 年 4 月 17 日，维修后的城隍庙正式对外开放。

郑州商代遗址发现发掘

1950 年秋天，郑州商代遗址被发现。此后的半个多世纪，考古学界对郑州商代遗址进行了考古发掘，发现了大量商代房基、窖穴、墓葬、壕沟、水井、祭祀坑等遗迹，出土了大批铜器、玉器、陶器、骨器、蚌器、原始瓷器等遗物，并最终认定其为商汤所建之“亳都”。其范围以郑州老城为中心，东起凤凰台、西迄西沙口、北至花园路、南到二里岗，面积约 25 平方千米。

郑州城隍庙

郑州商城遗址 马健 摄

郑州市体育运动学校创办

郑州市体育运动学校始建于 1956 年。1987 年学校开始招收中专生。1995 年学校由郑州市中心体育学校更名为“郑州市体育运动学校”。2003 年在郑州市体育运动学校的基础上建立了郑州市体育中学（完全中学）。郑州市体育运动学校是一所集文化课教学和运动训练于一体的综合性体育运动学校，为省市和国家培养输送了一大批优秀的体育后备人才。

东关小学创建

东关小学 1959 年筹建，1960 年 3 月正式开学。是时，学校占地面积 11349.2 平方米，建筑面积 1566 平方米，学生 248 人，教职工 26 人。2003 年，学校进行全面改造，新建了办公楼、学校报告厅和 5 层学校楼。2019 年，学校设 48 个班级，学生 2902 人，教职工 123 人。

20世纪90年代的郑州市体育运动学校

国内首台10吨ORS电容式电子吊秤研制成功

1984年3月，国内首台10吨ORS电容式电子吊秤在郑州储运公司二里岗仓库研制成功。1985年，由国家物资局科教司组织国家计量科学研究院、中国科学院计算所等权威部门对ORS电容式电子吊秤进行部级鉴定，并批准批量生产。1987年3月，成立郑州电子秤厂，使得这种高精度电子秤进入生产，产品畅销全国30个省、市、自治区，并出口到苏联。

城东路街道办事处成立

2000年初，原城东路街道办事处分为城东路、东大街两个街道办事处。新成立的城东路街道办事处辖14个居委会和1个家属委员会。至2018年，街道辖10个社区，分别是硝滩社区、郑汴路社区、商城东里社区、商城花园社区、电子学院社区、未来路社区、城北路社区、康桥花园社区、未来花园社区、裕鸿楼宇社区。

首届郑州城隍庙民俗文化旅游节举办

2003 年，郑州市旅游部门与文化部门联手，在农历正月初四到正月十六期间举办首届郑州城隍庙民俗文化旅游节。旅游节打出“品民俗文化、逛传统庙会”的口号，举办了丰富多彩的民俗活动，集中展示了具有中原地区特色的民间文化艺术，为城隍庙增添了新的艺术魅力，成为郑州传统文化新亮点。

商都历史文化区启动 5 个片区改造

2016 年，商都历史文化区启动“两院”（郑州商都博物院、郑州文物考古研究院）一期、“两院”二期，亳都古巷，开元寺 · 塔湾古街，夕阳楼和书院街 5 个片区改造。郑州城隍庙属于商都历史文化区建设的一部分。

郑州城隍庙新春庙会

大事记

1908 年，管城回族区回民第二小学始建，原称知新初等小学堂。

1933 年，郑州电力高等专科学校始建，其前身为郑县工业职业学校。

1948 年 10 月 22 日郑州解放。郑州市第一区政府在郑县维新镇东大街保管辖范围的基础上建立郑州市第一区第九街公所，并将原保下设的甲改为闾。

1950 年，郑州市第一区第二派出所改为东大街街政府。

1952 年，东大街街政府成立爱国卫生运动委员会。

1952 年，郑州皮鞋厂始建。

1952 年，郑州市毛巾床单厂创建。

1954 年，中共郑州市第一区委员会在东大街街政府建立支部。中国共产主义青年团第一区委员会在东大街街政府建立支部。同时，东大街政府成立妇女联合会。

1955 年 12 月，东大街街政府改为东大街街道办事处。原街政府下设的居民组织闾改为居民委员会。

1956 年，郑州市体育运动学校在辖区创建。

1956 年 1 月，在 4 个合作组基础上组建了郑州玻璃生产合作社。

1958 年 9 月，东大街街道办事处与清真寺街等街道办事处合并成立管城区东大街人民公社（后改称红旗人民公社）。

1958 年，郑州塑料五厂创建。

1959 年，东关小学在商城东路创建。

1960 年 5 月，郑州市管城区联社改建为郑州市红旗人民公社。原管城联社红旗人民公社改为郑州市红旗人民公社管城分社。

1961 年 3 月 4 日，国务院公布郑州商代都城遗址为全国重点文物保护单位。

1961 年，郑州市撤销人民公社建制，恢复区、街建制。管城分社复名东大街街道办事处。

1961 年，郑州铝箔纸厂始建。

1962 年，管城区办事处设置进行调整，东大街街道办事处分为东大街、北大街两个街道办事处。

1963 年 6 月，郑州城隍庙被原河南省人民委员会列为省级文物保护单位。

1970 年 1 月，郑州麻纺织厂通过改制成立，成为河南省第一座麻纺织厂。

1981年，北大街街道办事处党支部改建为党总支，同时新建5个基层党支部。

1983年，城东路拓宽，将原来的行道树白杨树更换为法桐树。

1983年，郑州市政府投资28万元对城隍庙进行了古建筑维修。

1984年，成立郑州市商城遗址保护管理所。

1984年1月，北大街街道办事处办公地址由北大街搬迁至城东路新址，并更名为城东路街道办事处。

1986年1月，中共城东路街道办事处总支委员会改建为中共城东路街道办事处委员会，下设7个党支部。

1986年，郑州塑料五厂引进意大利型材、管材生产线，该生产线是郑州市引进的第一条塑料管材生产线。

1988年10月，城东路街道办事处与东大街街道办事处合并，定名为东大街办事处，11月，更名为城东路街道办事处。

1989年7月，郑州电子秤厂生产的ORS系列电容式电子吊秤获得首届北京国际博览会金奖。

1990年6月13日，由原国家物资部投资800万元在郑汴路建立的郑州电子秤厂新厂奠基。

1991年，郑汴路至金水路段的东明路开通。

1993年，办事处封闭改造东关北里排污明沟，建成拥有100多个摊位的皮鞋市场。

1994年，城东路街道办事处被郑州市评为市级文明单位。

1995年4月17日，维修后的郑州城隍庙正式对外开放。

1995年，萧记三鲜烩面美食城总店在辖区郑汴路开业。

1996年，紫荆山路一期工程完工通车。

2000年初，经郑州市人民政府批准，城东路街道办事处分为城东路、东大街两个办事处，新的城东路街道办事处成立。

2000年，商城遗址东城墙外（东大街至商城路）修建成环城花园。

2000年，由郑州市饮食公司抽调豫菜精英开办的少林菜馆迁至辖区城东路。

2001年8月，管城回族区工商联（商会）城东路分会成立。

2001年，办事处将辖内的14个居委会和1个家属委员会整合为7个社区，将14个居委会和1个家属委员会的党支部整合为7个党支部。

2002 年，京福华餐饮有限公司总部在辖区城东路设立。

2003 年，中共管城回族区城东路街道办事处委员会改建为中共管城回族区城东路街道工作委员会。

2003 年 2 月，举办首届郑州城隍庙民俗文化旅游节。

2003 年 7 月，城东路街道综合文化站正式建成。

2004 年 2 月 28 日，河南省维护妇女儿童合法权益志愿者队伍成立暨创建“零家庭暴力社区”启动仪式在商城花园社区举行。

2007 年，城东路街道办事处建成覆盖全辖区的电子监控网络。

2009 年，集商业、写字楼功能于一体的复合型城市综合体裕鸿国际建成。

2009 年 5 月，二环快速公交 B1 路正式开通，途经辖区未来路商城路站。

2009 年 12 月，城东路社区卫生服务中心成立。

2010 年，未来路社区、康桥花园社区成立。

2011 年，城东路街道办事处被评为省级文明单位。

2011 年 4 月，辖区位于紫荆山路商城路交叉口的新世界百货郑州店开业。

2013 年 5 月，郑州城隍庙被国家文物局公布为第七批全国文物保护单位。

2014 年 1 月，未来花园社区、裕鸿楼宇社区成立。

2015 年，富国御玺大厦、绿都广场建成。

2016 年，城东路街道办事处被评为省级文明单位。

2016 年 10 月，商城路大修启动，于 2017 年竣工恢复通行。

2017 年，硝滩社区被评为国家第五批全国民族团结进步创建示范单位。

2018 年，东明路大修，局部拓宽，并对沿路的绿化、交通设施进行改造升级。

2018 年 7 月，辖区开始实施“路长制”。

2019 年，城东路办事处作为全区试点，全面开展实施垃圾分类推广工作。

2019 年 7 月 18 日，郑州城隍庙文物建筑维修保护工程开工。

口述史

城东路街道历史悠久又充满活力。

古老的城隍庙一直以来都是这里的地标。中华人民共和国成立之后，这里又成为重要的工业区之一，玻璃厂、电子秤厂盛极一时。20世纪末至21世纪初，这里跟随时代的脚步快速发展，老厂房都变成家属区，拔地而起的写字楼又孕育了辖区新型的楼宇经济。

半个多世纪以来，这里的经济、社会都发生了翻天覆地的变化，群众的生活也越来越方便、幸福感日益提升。

城隍庙附近的居民、商城路的老住户、玻璃厂和电子秤厂的老员工、体育学校的老教练、楼宇社区的工作人员……这些在城东路工作和生活的人们，来为您讲述他们眼中辖区的变迁。

老城隍也是老郑州

口述：张晓云
整理：张韶春

我叫张晓云，今年 48 岁，住在城东路 105 号院。我在这里生活了 20 多年，对城隍庙这一带特别熟悉。

听俺院的老邻居说，20 世纪 70 年代的时候，这一片可荒凉了，全是盐碱地，往东边挨着城隍庙，城隍庙那边是电力学校和古城墙，这一片没几户人家，晚上黑了，啥也瞅不见。到了 80 年代，这里陆续盖上了家属楼，等商城路打通后，这里才慢慢发展起来。

我是 90 年代搬过来住的，那个时候这儿的道路都是狭窄不平的土路，真是“晴天一身土，雨天两脚泥”。后来土马路变成了石渣路，再后来变成了水泥路，到现在修成了宽阔平坦的柏油路了，道路两边装上了明亮的路灯，方便了夜间的行路人，小孩儿再不怕走夜路了。

我们这一片的人对城隍庙都很熟悉。80 年代的时候，城隍庙重新维护修缮，再开门（开放）的时候可漂亮了，房檐儿上、墙壁上重新刷了漆、画了画，地上铺了转，庙里也放了雕像。

张亚莉 摄

旧时，城隍庙每年有两回庙会，春节一次，农历三月十八城隍过生日一次。逛庙会我们也叫“赶会”，就是去逛庙会的意思。庙会上有敲锣鼓、走旱船、舞龙舞狮、唱戏、变脸、木偶戏、皮影戏，还有剪纸、烙画、捏面人、吹糖人、画葫芦等手艺和工艺品，可以买也可以学，一大早热热闹闹到天黑。正月十五晚上我记得还有花灯，我记得咱郑州那个“泥人赵”，现在是国家工艺美术大师了，之前还在城隍庙卖过泥人哩！后来应该是基于安全和对城隍庙文物保护的考虑，也刚好赶上 2016 年商城路修路，庙会就停了。

这些年城隍庙周围发展得越来越好，土路都铺成了柏油路，高楼也盖起来了，在楼宇林立的市区里夹着城隍庙这个古建筑，也别有一番风味。

前几年，城隍庙旁边商城遗址经过修缮保护，变成了公园，成了大家休闲、锻炼的好去处。今年城隍庙也被围起来修缮了，我们都等着城隍庙赶紧修缮好，在商城遗址公园锻炼完，再去看看修缮一新的城隍庙，那多带劲呀！

我生活了 40 年的城东路街道

作者：孟桂荣

我叫孟桂荣，今年 68 岁，从 20 世纪 70 年代末我就一直在城东路街道商城路附近生活，这些年，这一片变得越来越漂亮、越来越宜居。

1978 年，也就是（实行）改革开放的那年，我爱人转业到河南省商业物资公司工作，分到了房子，我跟着搬到了公司院里的二楼居住，也就是现在的商城东路克拉城的位置。当时的城东路是一条柏油路，但是很窄，两辆汽车对开就得错着过。路两边是宽 1 米深的排水沟，冬天到处是干土，夏天，排水沟和旁边的空地上长满了杂草，一下大雨，排水沟就让草堵住，污水横流。当时俺家后面就是熊耳河，因为没有治理，一到雨天就污水横流。七八十年代时候，东明路那边还有一个大藕坑，莲花开放时非常好看。

1989 年和 1999 年，熊耳河经历了市政府、街道办的两次改造，之前的污水沟变成了美景如画的地方。现在，河的两岸绿树成荫，有亭亭玉立的白杨树，有高大的松柏，有“长长辫子”的倒栽垂柳，还有五颜六色的花草灌木……熊耳河两边（岸）的公园成了人们健身休闲的好去处。

七八十年代，顺着城东路再往东是青一色的庄稼地。当时我上班或外出都得跑到郑汴

熊耳河　马健　摄

路和东大街交叉口坐 3 路公交——这是通往这一片唯一的公交车。

21 世纪，我们的生活环境发生了翻天覆地的变化。

城东路从原来的小破路变成了将近 15 米宽的柏油路，一辆辆汽车接连不断地按序而行，当年马路两边的小树已经长高，一到夏天像一张张大伞为行人遮阳，硬化的人行道，走在上面舒适又安全，城东路上的七八条公交线路让我们出门更加方便。

从 1978 年到城东路街道居住，一转眼 40 年了，我们的生活一天一个样的在变好，从咱老百姓的衣食住行中随处可见这种变迁。

记忆中的郑州玻璃厂

口述：王书民

整理：刘培雯

我叫王书民，今年 64 岁，是郑州玻璃厂的一名退休老职工。1980 年，我从部队转业后被分配到了郑州玻璃厂，一直工作到退休。对郑州玻璃厂的发展和变迁，我还是很熟悉的。

1958 年，4 家手工玻璃生产合作社公私合营后成立了郑州玻璃厂，属于国有企业。当时生产能力低下，产品以研究瓶、石英管和试管为主，生产完全就靠人工，用的都是直径 1 米左右的土炉，连个打磨的机器都没有。

到了 20 世纪 70 年代初期，生产方式发生了改变，我们引进行列式制瓶机开始半自动化生产。70 年代时，生产条件不断改进，到 80 年代后期就全部实现了自动化。

70 年代，有件事我记得很清楚，就是二七纪念塔最顶上的五角星用的是我们的产品。那是 1971 年，郑州二七纪念塔由木质塔改修为钢筋混凝土结构塔体的时候，我们厂做的五角星被放到了塔顶上，我们都觉得可骄傲了。

80 年代时，厂里有职工 400 多人，产品也多了一些，有汽水瓶、白酒瓶和啤酒瓶等。就是从那时候起，厂子发展越来越好。到 1989 年，郑州玻璃厂已经成为全省最大的玻璃制品厂之一了，厂里的熔化炉节省能源、融化率高，在全省乃至全国都是非常有名的。80 年代中后期，郑州玻璃厂红火的时候，我们产品畅销国外，东南亚许多的国家都来我们厂采购。

到了90年代，随着科学技术的发展，我们厂的产品种类多样化了，就说白酒瓶吧，有压盖的、螺丝扣的、密封口的。1996年我们厂发展成为国内大型二类企业，职工也由400多人发展到1400多人。

1997年9月，我们厂和郑州白鸽集团签订兼并协议，我们成为白鸽集团子公司。之后，随着市场经济的发展和国有企业改革以及众多小型私人玻璃厂的兴建，加上交通不太便利、生产对环境有一定的污染，2000年6月我们厂就停产了。2002年，我们厂原厂址建成了居住小区。

郑州玻璃厂《郑州年鉴·1997》

现在玻璃厂虽然不在了，但我仍记得曾经的辉煌。

退休之后，我还住在玻璃厂家属院，厂里还给我们发着退休工资，尤其是最近十多年，社会发展越来越快，周边环境越来越好，生活越来越便利，我们的退休生活也过得有滋有味。

国内第一台电子秤出自我们厂

口述：张德英

整理：刘振宇

我叫张德英，今年74岁，是郑州电子秤厂的一名退休职工。要说我们这个电子秤厂，在当年那可是首屈一指的。

我记得是1984年年初，我们在二里岗车库里借用了一个车间，最早的时候只有30多人，仓库的一个中青年专家叫徐平均，他研制出了国内当时首台10吨ORS电容式电子吊秤。

我们那个时候是属于中储郑州物资流通中心，归国内贸易部管，部里对这个科研项目很重视，1985 年年底，这台 10 吨吊秤在二里岗仓库通过了由国家物资局组织、中国计量科学院主持，国内 50 多名有关权威专家参加的部级鉴定，其结果是："该秤使用方便、精度高、重复性好，是一项较为成功的科研成果，特别是将电容式传感器用于使用环境差、难度较大的吊钩式电子秤上去，能取得优于实际称量 ±0.1% 的称量精度，从技术上说是一个突破，属国内首创，国外未见有类似产品的报道。这一吊钩式电子秤的研制成功，为我国电子秤技术探索了一条新的途径。"不久之后，我们的电子吊秤正式取名"腾飞"，又先后取得了型式批准和生产许可证。

1987 年 3 月，郑州电子秤厂正式成立，厂址搬到了郑汴路。电子吊秤投入生产之后十分畅销，厂子效益非常好。1988 年，国家给我们厂颁发了电容式电子吊秤发明专利证书，厂里还举行了庆贺活动。

20 世纪 90 年代，经济发展越来越快、市场需求也越来越大，吊秤的种类越来越多，我们厂的产品从 0.5 吨到 50 吨都有，主要用于大山厂矿，其中跟仓库的龙门吊配套使用的吊秤，可以在吊装过程中同时完成称重。90 年代我们厂还不断研制新产品，整个厂的发展是蒸蒸日上。后来我们开发了很多汽车衡，就是高速公路上给过路的汽车称重的地磅，从 5 吨、10 吨到 100 吨都有。

我记得 90 年代后期，有文章这样评价我们，说我们厂的吊秤"改变了传统的计量作业方式和生产方式，让仓储运输、冶金、铁路、港口、矿山等行业和部门装卸计量作业方式发生了重大改变，减少了生产环节，大幅度提高了劳动生产率，减少了物资损失和材料浪费，避免了计量纠纷，提高了加工质量，综合经济效益与社会效益十分巨大"。

1999 年，我们厂搬到了经济技术开发区，我也退休了。我记得当时的年利润能达到 200 万元，在当时来说，效益是非常好的。

退休后，我一直住在厂家属院，家属院里有好多退休的老职工，每当我们闲聊时说起厂里曾经的辉煌，大家都觉得非常骄傲和自豪。

我们在体校当教练

口述：万 春 李恒志
整理：刘培雯 张韶春

我们俩一个叫万春，是举重教练，一个叫李恒志，是射击教练。我们都是郑州市体育运动学校的老教练，在这里工作了几十年。

20 世纪 70 年代我们就来这儿了，那时候这边还是盐碱地，住户很少，就我们学校圈了个校园。现在校门口篮球场的位置之前是个鱼塘。那时，我们去训练前要先把空地上的荒草拔掉才行，当时流传着一句话叫“几天不拔草，草比人都高” 。到了 80 年代，我们俩先后从学员变身为教练，那会儿带的学生家庭条件都不太好，练体育又得保证营养和体能，我们教练员就从自己工资里拿出钱给孩子们加餐。

我记得邓亚萍的父亲是我们学校的乒乓球教练，邓亚萍小时候跟着她父亲在这边训练过，她那时候年龄小，够不着乒乓球台，经常脚底下垫着砖头或木板训练。当时我们

举重教练万春和奥运冠军李雪英（右四）

练射击都是直接趴在地上打，就是“野射”这么个练法，夏天一头汗往下滴，冬天手脚都冻伤了。

奥运举重冠军李雪英是从我们学校走出去的优秀运动员之一，她是2000年进校的。李雪英老家在平顶山，父母都是农民，她排行老五，姐姐李雪久也是举重运动员。李雪英因为家庭条件不好，一度因为学费想要放弃运动生涯，那时候我们努力争取，一层一层上报，最终减免了她的学费。李雪英性格踏实，肯练又刻苦，对自己要求非常高。要知道，练举重的手肯定会磨烂，她当时手上的茧子一层又一层。茧子多了，就拿开水烫烫、用小刀割割再继续训练。李雪英在这跟了我三年，就去省里了，但是我作为她的启蒙教练，我们也一直保持着联系。2012年伦敦奥运会前夕，我给李雪英发了一个短信“你最大的敌人就是你自己，只要能战胜你自己，能战胜你对手，正常发挥就行了，不要想那么多”。她给我回信息说现在有信心。我当时心里想着，她从开始练习举重以来，已经拿了从省运会到亚运会、从青年世锦赛到成年世锦赛的所有金牌，唯独还差一块奥运会金牌，这一次要是夺金了，就实现了大满贯。后来她真的获得金牌了，我很替她高兴。

像李雪英这样的运动员还有很多，他们都是从小在像我们学校这样的基层体校开始培养的，成绩好的送往省队，进而再入国家队。如果说奥运会是金字塔的塔尖，那我们体校这样的基层体校就是金字塔的最底层。

这些年发展很快，社会更加进步了，国家更加富强，竞技体育的发展更加迅速，我们学校条件也是大变样，学校修建了新的运动场馆，操场铺设了塑胶跑道，各个项目纷纷引进了配套设施。射击来说，我们装了电子射击靶，还配备了进口的枪弹，训练条件比原先强太多了。

我们俩都当了一辈子的教练员，看着自己带的学员一点一点进步，为学校争光、为河南争光、为国家争光，我们感到光荣又欣慰。包括我们俩在内的好多教练都有这么一个想法：趁着现在的好时候，培养更多的好苗子，多为省队、国家队输送优秀队员。

我做了 30 多年的志愿服务

口述：李志平
整理：张韶春

我叫李志平，今年 60 岁，出生在郑州，住在管城回族区城东路 77 号院。我之前是郑州百货大楼的一位柜台售货员，现在是商城花园社区党员志愿者服务队队长。这些年做志愿服务，我深有感触。

我做志愿服务，要从 20 世纪 80 年代末说起。1987 年冬天，我和孩子们搬进城东路 77 号院，也就是郑州市百货大楼家属院。我记得那个时候社区还不叫“社区”，而叫作“居委会”，当时的环境也很简陋，就一间大房子儿张桌子，工作人员也很少，屋里灯也不是很亮。搬过来不久，社区开展志愿服务活动，我作为一名党员，就主动申请加入了。当时志愿服务的一项重要内容是拥军，一直持续到现在。

说到拥军，不得不提我们这个志愿队伍里一群特殊的人，他们就是 100 多位老军人。90 年代末，在志愿队伍的召集下，他们陆续参与进来。他们当中有很多参加过战役的老兵，比如柳岳继老人是抗美援朝十五军上甘岭战役英雄，也是电影《英雄儿女》里王芳的原型；比如杨立新老人，是抗美援朝司令部发报员，随总部转战朝鲜各地，经历了无数艰难困苦。或许因为我父亲也是参加过抗美援朝的老兵吧，他们给我感觉特别亲切。

作为革命的后代，我觉得革命精神一定要传承下去，要让现在的孩子知道幸福生活多么来之不易。所以，老兵们加入后，每年我们都会带他们一起到辖区的东关小学、回民二小等学校开展讲座，给孩子们讲革命的历史，把革命前辈的红色薪火传承下去。

我生活的商城花园社区给我们志愿者提供了一个温暖的家，特别是这些年来，社区设施更齐全了，社区党员、居民志愿者参与度也“高涨”，不断地有兄弟姐妹加入我们，志愿者队伍扩大、志愿服务也扩大了范围。

30 多年来，从最初拥军到助残，从助学到济困，从救助白血病患儿到资助孤残孩子，从走进汶川到山区支教，从关心空巢老人到帮助留守儿童，从心理咨询到法律援助……我们的志愿者队伍和辖区党员、居民一起，都愿意为我们社区发展出一份力量、做一点贡献。

回顾这几十年来，我觉得志愿服务不仅仅是出于爱心，更是对国家、对社会的责任感和使命感。我只是众多志愿者中的普通一员，我们的队伍千千万万，每个人都在奉献。希望通过我们的努力能感染更多的人，为美丽郑州、为和谐社会的建设添砖加瓦！

这个社区没有一个住户

口述：李　锋

整理：张韶春

我叫李锋，是裕鸿楼宇社区的工作人员，我们这个社区成立于2014年，管理着4栋商务楼宇和1家百货商场。要说我们社区与大多数社区最大的不同，就是我们这儿没有一个住户。

要说我们社区的这种特殊情况，得从2011年新世界百货郑州店开业说起。从那时候开始，裕鸿国际写字楼逐渐开始运营，越来越多的大小企业入驻，之前所属的社区管理起来越来越复杂。于是，办事处成立了这个特殊的社区专门来为这些写字楼服务，这个社区也是郑州市第一家正式运行的楼宇社区。我们社区发展到现在，共入驻企业500余家、员工7900多人。

有人会问："你们社区没有住户，那平时的工作是什么呢？"这说来就很有意思了，除了日常的工作之外，我们更多的是挖掘楼宇企业的需求，多沟通、多了解，给他们谋福利。

比如说，我们发现，在写字楼里工作的大多数是年轻人，他们虽然工作很稳定，却忙于事业忽略了爱情和幸福，过着"自由而寂寞的生活"。针对这种情况，我们开展相亲类的活动。2016年的七夕节，我们举办了裕鸿楼宇社区第一届“最美七夕·相遇裕鸿”鹊桥公益相亲会。之后，我们每年七夕都举办相亲活动，到今年都举办四届了。这些相亲活动，给不少在这工作的年轻男女创造了机会和缘分。光我知道的，我们相亲活动就直接促成了好几对幸福的小青年，至于通过活动认识、自由发展的，我就数不清了。

再比如，大多数上班族都存在“久坐”的情况，这就容易导致肩颈腕等部位的疼痛和不适。我们了解到这个情况之后，就邀请医疗机构来社区开展健康知识讲座。我记得很清

裕鸿楼宇社区党群中心活动室 马健 摄

楚，2018年11月的那一次讲座，主题是“针对劳累的康复按摩”，不仅我们社区的人来了，附近社区的人也来了不少。讲座结束的时候，好几个来晚的人都跟我说“活动太好了，下一次我争取早点来参加”！

除此之外，我们社区经常组织各类其他活动，一方面是为辖区的企业员工谋福利、提供各类帮助，另一方面也是丰富企业员工的工作生活，营造一个良好的辖区氛围。现在，我们社区还配备有健身器材，有读书室等各类功能室，还提供法律咨询、心理咨询、就业指导等服务，全方位满足企业发展的需求。

我觉得吧，我们社区没有住户是楼宇经济发展的必然结果，也算社会进步的表现之一吧。我们就应该跟着时代发展的步伐做好服务，让社区里的企业认可我们、让在这里上班的人感觉到温暖。

附 录

郑州商代城址

郑州商城的发现与布局

郑州商代城址位于郑州市的老市区，现已发现有周长 6960 米的城垣和东、南外城。其中东墙和南墙保存较好；而外城则全部在地面以下。

郑州商代城墙，全是用土分层夯筑起来的。每层夯土的厚度一般为 8 ~ 10 厘米，但也有厚达 20 厘米或薄到 3 厘米的。每层夯土表面皆有密集的圆形尖底或圜底夯杵印痕，夯窝口径多为 2 ~ 4 厘米，深为 1 ~ 2 厘米。另外还发现数量很少的长方形或三角形夯杵印痕，根据夯窝的大小、形状和分布的密集程度推测，有可能是用成捆的圆木棍作为夯筑工具筑成的。由于夯层薄、夯窝密，所以夯土层相当坚硬。从夯筑的质量看，城墙中部的夯层一般稍厚，夯打的质量较差，甚至有些地方还比较松软，而城墙边缘部分夯层较薄，夯打质量也好。

城墙的横剖面呈梯形，中部夯层呈水平分布，层层叠筑，是城墙的主体，即“主城墙”，梯形两腰的夯层则是倾斜筑成的，即“护城坡”。城墙内侧的坡度较缓，外侧坡度陡峭。“主城墙”是用版筑法筑成的，两侧与“护城坡”接缝处有近于垂直的壁面，壁面上留有横列木板的痕迹。由此看出，“护城坡”的斜夯土层除了有加固城墙作用外，还与版筑“主城墙”时支撑横堵的木板有关。

在南城墙探沟 CST3、CST4 内清理出来的商代城墙内侧壁，部分保存较好。它的筑法是：在修筑城墙之前，先平整地面，然后在“主城墙”相应的地面上，向下挖出一道与

马健 摄

城墙走向一致的槽，作为建筑城墙的底部基础。然后在槽内逐层夯筑，当夯层筑到与沟槽口部相平时，开始用横列木板相堵，逐层夯筑法两壁近于垂直的“主城墙”。因此，在“主城墙”两壁上遗留有比较明显的横木板痕迹，现存版筑痕迹的两壁通高 1.50 米，每块木板长约 3 米，板宽 0.16 ~ 0.19 米，在紧靠“主城墙”版筑面的内侧，附加有内高外低的斜夯土层，即“护城坡”。“护城坡”顶面上铺有一层料礓石碎块，这可能是为了防止“护城坡”受雨冲刷而铺设的保护层。

在东城墙探沟 CET7 中清理出来的商代城墙，下半部宽约 10.60 米，内外侧均保留有近于垂直的版筑壁面，壁面高 3.50 ~ 3.60 米。版筑痕较清楚，木板长 2.50 ~ 3.30 米，板宽 0.15 ~ 0.30 米。主城墙外侧的“护城坡”底宽约 4 米，内侧的“护城坡”底宽 7.25 米。从发掘中可以看出，“主城墙”是分段版筑而成的，每段长约 3.80 米左右。其筑法是将两壁和一个横头用木板相堵夯筑而成。采用这种方法，逐段向前延伸，从而使城墙逐渐加长，在段与段相接处，也发现有横列木板的版筑痕迹。

从上述情况看，在郑州商城修建的时候，采用了“护城坡”堵挡木板的方法，但尚未使用立柱、夹棍和绳索来固定木板的技术，表现出夯筑技术有一定原始性。

郑州商城的平面近似长方形，北城墙长 1690 米，西城墙长约 1700 米，南城墙和东城墙均长约 1870 米，周长将近 7 千米。西北城角、西南城角和东南城角都近似成直角，唯北城东段向南倾斜。在郑州商城四面城垣上，共发现 11 个宽窄不同的缺口，有的可能与城门有关。郑州商城的西墙北段破坏较甚，残墙绝大部分掩埋在现今地面之下；北城墙东段、东城墙和南城墙的绝大部分还保存在地面之上，其中尤以东南城角保存最好。

郑州商城不仅有高大的夯土城墙，而且城内还有丰富的遗迹。

在郑州商城内的中部偏北和东北部一带，以东里路为中心，北自顺河路北侧，南至城北路南侧，西起河南省戏校西院和黄委会水利科学研究院南院，东到黄河医院和郑州医疗器械厂院内，约占郑州商城六分之一左右的范围内，先后发现了 20 多处成组的或大型的及结构复杂的商代夯土建筑基址。有的夯土基址面上，还保存有柱子洞或柱础基槽和石柱础，表明这里是商代宫殿遗址区。近年来的考古发现证明，在郑州商城的中部偏东、偏南、偏西处，也有少量较大的夯土建筑基址。此外，在城内还发现一些形制较小的房屋基址，以及数量很多的商代遗存，这可能是一些平民居住区。

在郑州商城城郊，还发现一批按照一定布局建立起来的手工业作坊遗址，北城墙外

300 多米处，有一处铸铜作坊遗址。在其北面，发现一处磨制骨器的作坊遗址，在郑州商城南城墙外约 600 米处，也发现一处铸铜作坊遗址。以上三处手工业作坊遗址，正好位于郑州商城南北中轴线上。此外，在西城墙外约 1300 米处，今铭功路西侧发现一处烧制陶器的作坊遗址。

商代墓葬，多分布在城外，如城东北角的白家庄附近，城东南隅的杨庄一带，城南的郑州卷烟厂，城西的北二七路、人民公园和铭功路等，都是分布集中的墓葬区。

近年来，在郑州商城南城墙外 900 ~ 1200 米处和西城墙西南 700 ~ 900 米处发现一大段夯土墙基，可与 50 年代在二里岗一带发现的夯土相连接。即从凤凰台向西经水利厅仓库、商业仓库、市粮一库、市木材公司、市二轻仓库，继续向西稍偏北，再经郑州五中、新民村、东豆腐寨、藏家门、郑州三十中、郑州四十七中，再折向北稍偏西，又经振兴商场、群众影剧院、中原大厦、郑州长途汽车站直到东方红影院，断断续续发现夯土墙基约 2900 米。自郑州商城东南、南、西南和西部的外侧环绕着郑州商城，其总长度约在 5000 米左右。南面的夯土墙基宽 12 米左右。西面的夯土墙基宽 17 米，残存高度 1.20 ~ 2.30 米，夯层厚度 10 ~ 15 厘米，夯层、夯层面上的夯窝与郑州商城城墙和城内宫殿基址的夯层、夯窝相同。夯土内的遗物很少，有鬲、碗和细绳纹、篮纹、方格纹陶片，分别属于龙山文化晚期、二里头文化和商代二里岗下层时期。按时代最晚的遗物推断，夯土墙应属于或稍晚于二里岗期下层偏晚阶段。这应是作为防御的外城的遗迹。一部分手工业作坊、墓葬区就分布在郑州商城东南城墙、南城墙、西城墙南段外侧与这道夯土墙基之间。而在外城之外，商代遗迹就非常少。

郑州商城的年代

从 1956 年秋开始，在四面城墙上，有计划地进行了重点考古发掘，并采取横断城墙开挖探沟，由上到下逐层揭露的方法，以了解城墙的建筑结构和地层叠压情况。至今，环绕城墙共开挖了 24 条探沟，通过发掘，不但证实了这座大城的存在，而且还证实了这确实是一座商代古城。

根据 24 条探沟的地层叠压关系，从上到下、从晚到早，可将郑州商城城墙地层叠压的顺序归纳如下：农耕层和现代扰土层—宋代文化层或宋代夯土层—战国文化层—战国夯土城墙—商代二里岗期上层（包括一般文化层、房基、窖穴、墓葬和以狗为牺牲的祭祀坑）—

商代二里岗期下层（包括一般文化层、房基、窖穴和墓葬）—商代城墙夯层—商代二里岗期下层（仅有两条小沟）—南关外期（包括一般文化层、壕沟和灰坑）和二里头文化层（包括灰土沟和灰坑）—龙山文化层。这些为确定郑州商城城垣的建造使用年代，提供了重要依据。

在探沟中发现有商代二里岗期文化层叠压着城墙内侧的夯土层。其中在12条探沟中发现有商代二里岗期下层文化层，作倾斜状覆盖在商代城墙内侧下部的夯土层上，偏上部堆积薄，愈向下则堆积逐渐加厚，并和城内分布的同时期文化层相衔接。在15条探沟中发现有商代二里岗期上层文层叠压在二里岗期下层文化层之上，或直接压着城墙夯土层。这些地层叠压关系证明，在城垣筑好以后，从商代二里岗期下层一直到商代二里岗期上层时，都有人们居住在城内。

在6条探沟内分别发现有商代二里岗期下层和上层的房基，它们都修筑在压着城墙的商代二里岗期文化层上，个别房基直接坐落在城墙内侧最下部的夯土层上。这些房基，都是城垣筑成后，在商代二里岗期下层和上层时期，居住在城内的人们遗留下来的。

在10条探沟内分别发现有5座商代二里岗期下层土坑墓和25座商代二里岗期上层土坑墓。这些都是利用城墙内侧堆积很高的同代文化层挖坑埋人的，其中有些墓室底部还直接挖破了商代城墙夯土层。

在5条探沟内的商代城墙内侧的商代二里岗期文化层中，发现9个商代二里岗期下层窖穴和3个商代二里岗期上层窖穴，这些窖穴直接或间接地压着商代城墙夯土层。

根据上述情况，可知夯土城墙的时代不会晚于商代二里岗期下层时期。

在24条探沟内发现的商代夯土层，不仅土质和夯土结构相同，而且包含物也相同。其中出土时代最晚的遗物，是少量的商代二里岗期下层的陶片，从而说明夯土城墙的修筑时间不能早于商代二里岗期下层时期。

在5条探沟内的夯土城墙下面，压着二里头文化的文化层、灰沟和窖穴，压有商代早期南关外期的文化层、壕沟和窖穴，压有龙山文化层。在2条探沟内，发现商代夯土城墙的下面，压有商代二里岗期下层时期的小沟。这也从一个侧面说明，夯土城墙的时代不能早于商代二里岗期下层，更晚于商代早期的南关外期及二里头文化和龙山文化晚期。

由上述情况可知，郑州商城应建于商代二里岗期下层一期偏晚阶段，其使用时间应是从商代二里岗期下层二期开始，一直延续到商代二里岗上层二期。

此外，根据东城墙探沟 CET7 商代夯土层内出土木炭的碳 14 测定数据，其绝对年代为距今 3235 ± 90 年（树轮校正为 3570 ± 135），证明郑州商城是一座比偃师尸乡沟商城晚又比安阳殷墟早的商代城址。

郑州商城的性质

郑州商城有 25 平方千米的广阔范围，有长达 7 千米的高大城垣，有许多雄伟的宫殿建筑和各种各样的手工业作坊，有大型方鼎、圆鼎等青铜重器，这说明郑州商城不是一般城市，而是一座可与安阳殷墟媲美的商代王都。

郑州商城为成汤所居的亳都，主要论据有以下四点：

古代文献中记载有东周时期郑地之亳。《春秋》襄公十一年：“公会晋侯、宋公、卫侯、曹伯、齐世子光、莒子、邾子、滕子、薛伯、杞伯、小邾子伐郑。秋，七月，己未，同盟于亳都城北。”杜注：“亳城，郑地。”《左传》也有同样的记载。可见，东周时这里是亳城。

郑州商城出土的陶文证明东周时期郑州商城叫亳、亳城或亳丘。从 1956 年到现在，在郑州商城北部和东北部的金水河、白家庄一带曾发现了好几批东周时期的陶文，这些陶文都是用印戳打在豆柄或豆盘上的。其中大多为一个“亳”字，也有印“亳丘”二字的，“丘”即“墟”，“亳丘”应该就是“亳墟”。这的确是一个重大发现，东周时既称郑州商城为“亳丘”，可见郑州商城名亳，并非始自东周，而在东周以前应该早有亳名，如同“殷墟”曾是殷都一样，“亳墟”很可能就是因为郑州商城本是商的亳都而得名的。

汤都亳的邻国及其地望与郑州商城相合。根据文献记载可知，葛在郑州附近，韦就在郑州，顾在原阳、武陟一带，昆吾在新郑、新密一带，夏桀在伊洛地区。成汤自北沿太行山东麓南下，先占领黄河南岸（顾），再攻占郑州（韦），然后攻打夏的门户（昆吾），最后进入伊洛地区（桀），由此可见，汤居郑州之亳，正合于韦—顾—昆吾—夏桀的作战路线。

郑州商文化发现的情况与成汤居郑地之亳相合，从年代来看，郑州商文化遗址可以分为先商期、早商期和晚商期，其中以早商期遗址分布最普遍，内涵丰富，商城的修筑与使用主要在这一时期，同时，商城东墙探沟（CET7）出土的木炭，经碳 14 测定，其树轮校

首座国际

首座·牛津街 至尊金铺 内部认购中…
销售中心

正年代为公元前 1600 年至公元前 1595 年，与古文献所载成汤都亳之年相差不远。这为汤居郑之亳提供了直接的年代根据。从文化遗址的分布来看，郑州商城内的宫殿遗址面积约为殷城的两倍，整个郑州商代遗址的总面积（25 平方千米）稍大于殷墟（24 平方千米）。所有这些都说明，郑州商城只有殷墟与之相比。殷墟是商代后期的王都，郑州商城作为商代前期最主要的王都，也是相称的。

——摘编自郑州市文物考古研究所编著：《二十世纪郑州考古》

香港国际出版社，2004 年 12 月

参考文献

[1] 郑州市管城回族区志编纂委员会 . 管城回族区志（1991—2003）. 郑州：中州古籍出版社 .1993.

[2] 徐恕 . 嘉靖郑州志 . 刻本 . 嘉靖三十一年 .

[3] 黄志清 . 康熙郑州志 . 刻本 . 康熙三十一年 .

[4] 刘瑞璘 . 郑县志 . 刻本 . 民国二十年（1931 年）.

[5] 宋秀兰 . 郑州城隍庙 . 郑州：中州古籍出版社，2005.

[6] 孟宪明 . 图文老郑州・老街道 . 郑州：中州古籍出版社，2004.

[7] 马玉鹏 . 郑州商城遗址保护 . 北京：科学出版社，2017.

[8] 郑州博物馆 . 文物集粹 . 郑州：中州古籍出版社，2018.

[9] 管城回族区文物局 . 管城回族区文物志 . 郑州：中州古籍出版社，2012.

[10] 河南省文物考古研究所 . 郑州商代铜器窖藏 . 北京：科学出版社，1999.

[11] 河南省文物研究所 . 郑州商城考古新发现与研究 1985—1992. 郑州：中州古籍出版社，1993.

[12] 程士玉 . 建设郑州新商都 . 郑州：河南人民出版社，1993.

[13] 王廷曦 . 郑州商城考 . 戴济民 . 郑州：中州古籍出版社，1993.

[14] 杨育彬 . 中国青铜器全集 . 北京：文物出版社，1996.

[15] 河南省文物考古研究所 . 郑州商代铜器窖藏 . 郑州市文物考古研究所 . 北京：科学出版社，1999.

[16] 郑州历史文化丛书编纂委员会 . 郑州市文物志 . 郑州：河南人民出版社，1999.

[17] 河南省文物考古研究所 . 郑州商城：1953—1985 年考古发掘报告 . 北京：文物出版社，2001.

[18] 杨育彬 . 20 世纪河南考古发现与研究 . 袁广阔 . 郑州：中州古籍出版社，1997.

[19] 郑州市人民政府 . 郑州商都 3600 年学术论文集 . 中国古都学会 . 中国殷商文化学会 . 郑州：中州古籍出版社，2004.

[20] 郑州市人民政府 . 郑州商都 3600 年学术研讨会暨中国古都学会 2004 年年会论文选编 . 中国古都学会 . 郑州：中州古籍出版社，2005.

[21] 郑州博物馆 . 郑州博物馆文物集粹 . 郑州：中州古籍出版社，2018.

[22] 郑州市地方史志编纂委员会编 . 郑州市志・1. 郑州：中州古籍出版社，1999.

[23] 郑州市地方史志编纂委员会编 . 郑州市志・2. 郑州：中州古籍出版社，1998.

[24] 郑州市地方史志编纂委员会编 . 郑州市志・3. 郑州：中州古籍出版社，1997.

[25] 郑州市地方史志编纂委员会编 . 郑州市志・4. 郑州：中州古籍出版社，1999.

[26] 郑州市地方史志编纂委员会编 . 郑州市志・5. 郑州：中州古籍出版社，1998.

[27] 郑州市地方史志编纂委员会编 . 郑州市志・6. 郑州：中州古籍出版社，1998.

[28] 郑州市地方史志编纂委员会编 . 郑州市志・7. 郑州：中州古籍出版社，1998.

[29] 郑州市地方史志编纂委员会编 . 郑州市志・8. 郑州：中州古籍出版社，2000.

编纂始末

根据中国地方志指导小组办公室《关于启动〈中国名街志丛书〉编纂工程的通知》和《中国名街志文化工程实施方案》部署，开发利用地方志文化资源，传承乡土历史文化，保存乡土文化记忆，充分发挥地方志“资政、教化、存史”功能，是一项意义重大的工作。

《城东路街道志》编纂之始，编纂团队立足于展现城东路街道发展特点和独有价值，统合古今，详今略古。对新中国成立以后，特别是中共十一届三中全会以来所发生的重要史实进行重点记述，深入挖掘城东路街道锐意进取的发展历程、改革创新的人文精神。

《城东路街道志》从街情特点出发，突出街域特色和重要史实，在篇目设置上力图有所创新，在语言上努力追求朴实、严谨、简洁、流畅，增加可读性。

在《城东路街道志》编纂过程中，《河南日报（农村版）》地方史志编辑部的编辑各负其责，其中殷淑娟负责编纂《概述》《基本街情》《经济发展》，盛俊红负责编纂《郑州商城遗址（城东路辖区）》《郑州城隍庙》《大事纪略》，段俊韶负责编纂《民俗风情》《教科文卫》，孙兵负责编纂《基础设施》《街区管理》《街区人物》，刘振宇负责编纂《口述史》。后期，殷淑娟、盛俊红负责书稿的初审，《河南日报（农村版）》总经理顾华负责书稿复审，保证了《城东路街道志》的顺利完成。

城东路街道办事处十分重视街志的编纂工作，街道党工委书记郭庆伟、办事处主任陈孝明多次对街志编写提出要求，审核提纲。街道党工委委员马英具体负责协调各领域、各部门、各社区，合力支持街志编写工作。街道党政办及各部门以及相关单位积极提供资料。在此谨向为本书付出辛勤劳动的所有人士致以衷心的感谢！

因本书中所选照片及文章众多，部分作品未能在出版前及时联系到著作权人，请著作权人看到后与我们联系，我们将奉上稿酬。

《城东路街道志》编纂工作，时间仓促，资料分散，加之理论水平有限，才疏学浅，虽潜心编纂，数易其稿，其错误和遗漏的地方在所难免，敬请社会各界人士和专家学者批评指正。

《城东路街道志》编纂委员会

2019 年 12 月